清涼國師華嚴經疏鈔

청량국사화엄경소초

36

범행품

청량징관 찬술 · 관허수진 현토역주

온주사

천이백 년 침묵의 역사를 깨고

오늘도 나는 여전히 거제만을 바라본다.

겹겹이 조종하는 산들

산자락 사이 실가닥 저잣길을 지나 낙동강의 시린 눈빛

그 너머 미동도 없는 평온의 물결 저 거제만을 바라본다.

십오 년 전 그날 아침을 그리며 말이다.

나는 2006년 1월 10일 은해사 운부암을 다녀왔다.

그리고 그날 밤 열한 시 대적광전에서 평소에 꿈꾸어 왔던『청량국사 화엄경소초』완역의 무장무애를 지심으로 발원하고 번역에 착수하였다.

나의 가냘픈 지혜와 미약한 지견으로 부처님의 비단과도 같은 화장 세계에 청량국사의 화려하게 수놓은 소초의 꽃을 피워내는 긴 여정을 시작한 것이다.

화엄은 바다였고 수미산이었다.

그 바다에는 부처님의 용이 살고 있었고

그 산에는 부처님의 코끼리가 노닐고 있었다.

예쁘게 단장한 청량국사 소초의 꽃잎에는 부처님의 생명이 태동하고 있었고,

겁외의 연꽃 밭에는 영원히 지지 않는 일승의 꽃이 향기를 뿜어내고

있었다.

그 바다 그 산 그리고 그 꽃밭에서 10년 7개월(구체적으로는 2006년 1월 10일부터 2016년 8월 1일까지) 동안 자유롭게 노닐었다.

때로는 산 넘고 강 건너 협곡을 지나고

때로는 은하수 별빛 따라 오작교도 다니었다.

삼경 오경의 그 영롱한 밤

숨쉬기조차 미안한 고요의 숭고함

그 시공은 영원한 나의 역경의 놀이터였다.

애시당초 이 작업은 세계 인문학의 자존심

내가 살아 숨쉬는 이 나라 대한민국 그리고 불교의 자존심에 기인한 것이다.

일찍이 그 누가 이 청량국사의 『화엄경소초』를 완역하였다면 나는 이 작업을 하지 않았을 것이다.

지금도 여전히 완역자는 없다.

더욱이 이 『청량국사화엄경소초』의 유일한 안내자 인악스님의 『잡화기』와 연담스님의 『유망기』도 그 누가 번역한 사실이 없다.

그러나 내 손안에 있는 두 분의 『사기』는 모두 다 번역하여 주석으로 정리하였다.

이 청량국사 화엄경의 소는 초를 판독하지 않으면 알 수가 없다.

그래서 그 이름을 구체적으로 대방광불화엄경수소연의초大方廣佛華嚴經隨疏演義鈔라 한 것이다.

즉 대방광불화엄경의 소문을 따라 그 뜻을 강연한 초안의 글이라는
것이다.

청량국사는 『화엄경』의 소문을 4년(혹은 5년) 쓰시되 2년차부터는
소문과 초문을 함께 써서 완성하시고 5년차부터 8년 동안 초문을
쓰셨다.

따라서 그 소문의 양은 초문에 비하면 겨우 삼분의 일에 지나지
않는다 할 것이다.

나는 1976년 해인사 강원에서 처음 『청량국사화엄경소초 현담』
여덟 권을 독파하였고,

1981년부터 3년간 금산사 화엄학림에서 『청량국사화엄경소초』를
독파하였다.

그때 이미 현토와 역주까지 최초 번역의 도면을 완성하였고,

당시에 아쉽게 독파하지 못한 십정품에서 입법계품까지의 소초는
1984년 이후 수선 안거시절 해제 때마다 독파하여 모두 정리하였다.

그러나 번역의 기연이 맞지 않아 미루다가 해인사 강주시절 잠시
번역에 착수하였으나 역시 기연이 맞지 않아 미루었다.

그리고 드디어 2006년 1월 10일 번역에 착수하여 2016년 8월 1일
십만 매 원고로 완역 탈고하고, 2020년 봄날 시공을 초월한 사상
초유 『청량국사화엄경소초』가 1,200년 침묵의 역사를 깨고 이 세상
에 처음 눈을 뜨게 된 것이다.

번역의 순서는 먼저 입법계품의 소초, 다음에는 세주묘엄품 소초에서 이세간품 소초까지, 마지막으로 소초 현담을 번역하였다. 번역의 형식은 직역으로 한 글자도 빠뜨리지 않고 번역하였다. 따라서 어색하게 느껴지는 곳도 있을 것이다.

예를 들면 소所 자를 "바"라 하고, 지之 자를 지시대명사로 "이것, 저것"이라 하고, 이而 자를 "그러나"로 번역한 등이 그렇다.

판본은 징광사로부터 태동한 영각사본을 뿌리로 하였고, 대만에서 나온 본과 인악스님의 『잡화기』와 연담스님의 『유망기』와 또 다른 사기 『잡화부』(잡화부는 검자권부터 광자권까지 8권만 있다)를 대조하여 번역하였다.

앞에서 이미 말한 것처럼, 그 누가 청량국사의 『화엄경소초』를 완역한 적이 있었다면 나는 이 번역에 착수하지 않았을 것이다. 지금까지 이 황금보옥黃金寶玉의 『청량국사화엄경소초』가 번역되지 아니한 것은 나에게 주어진 시대적 사명이고 역사적 명령이라 생각한다.

나는 이 『청량국사화엄경소초』의 완역으로 불조의 은혜를 갚고 청량국사와 은사이신 문성노사 그리고 나를 낳아준 부모의 은혜를 일분 갚는다 여길 것이다.

끝으로 이 『청량국사화엄경소초』가 1,200년의 시간을 지나 이 세상에 눈뜨기까지 나와 인연한 모든 사람들 그리고 영산거사 가족과 김시열 거사님께 원력의 보살이라 찬언讚言하며, 나의 미약한 번역으로 선지자의 안목을 의심케 할까 염려한다.

마지막 희망이 있다면 이 『청량국사화엄경소초』의 완역 출판으로 청량국사에 대한 더욱 깊고 넓은 연구와 『화엄경』에 대한 더욱 다양한 연구가 이루어지기를 바라는 것뿐이다.

장세토록 구안자의 자비와 질책을 기다리며 고개 들어 다시 저 멀리 거제만을 바라본다.

여전히 변함없는 저 거제만을.

2016년 8월 1일 절필시에 게송을 그리며

長廣大說無一字 장광대설무일자
無碍眞理亦無義 무애진리역무의
能所兩詮雙忘時 능소양전쌍망시
劫外一經常放光 겁외일경상방광

화엄경의 장대한 광장설에는 한 글자도 없고
화엄경의 걸림없는 진리에는 또한 한 뜻도 없다.
능전의 문자와 소전의 뜻을 함께 잊은 때에
시공을 초월한 경전 하나 영원히 광명을 놓누나.

불기 2567년 음력 1월 10일 최초 완역장
승학산 해인정사 관허 수진

대방광불화엄경수소연의초 제십칠권의 일권

大方廣佛華嚴經隨疏演義鈔 第十七卷之一卷

우진국 삼장사문 실차난타 번역
청량산 대화엄사 사문 징관 찬술
대한민국 조계종 사문 수진 현토역주

범행품 제십육권
梵行品 第十六卷

疏

四門之中에 初來意는 有六하니 一은 前是正位요 今辨位中之行일
새 故次來也니라

사문四門 가운데 처음에 이 품이 여기에 온 뜻은 여섯 가지가 있나니
첫 번째는 앞에 십주품은 정위正位이고, 지금에 범행품은 정위 가운
데 범행을 분별한 것이기에 그런 까닭으로 다음에 이 품이 여기에
온 것이다.

鈔

一에 前是正位者는 初一은 行位相對니 前雖有行이나 意在位故니라

첫 번째 앞에 십주품은 정위라고 한 것은 처음에 한 가지는 범행과
정위를 상대한 것이니
앞에서도 비록 범행이 있었지만 그 뜻이 정위에 있는 까닭이다.

疏

二는 前明諸位別行이요 今辨諸位通行이라

두 번째는 앞에 십주품은 제위諸位의 별행別行을 밝힌 것이고, 지금에
는 제위의 통행通行을 분별한 것이다.

鈔

二는 通別相對니 如前初住自分엔 但明緣境發心하고 勝進엔 但明勤
供養佛과 樂住生死等하며 二住自分엔 但於衆生에 起利益大悲等
十心하고 勝進엔 但明誦習多聞과 虛閑寂靜等이니 則十住엔 所修가
一一不同거니와 今此梵行엔 十住通修故니라

두 번째는 통행과 별행을 상대한 것이니,
앞의 초주 자분에는 다만 경계를 반연하여 발심한 것만 밝혔고,
승진[1]에는 다만 부지런히 부처님께 공양하는 것과 생사에 머물기를
좋아하는 등[2]만을 밝혔으며, 제이주의 자분自分[3]에는 다만 중생에게
이익케 하는 마음과 대비의 마음 등 열 가지 마음만을 일으키고,
승진勝進[4]에는 다만 외우고 익히고 많이 들은 것과 한가하여 적정한

---

1 승진이란, 초발심주初發心住 권학십법勸學十法이다.
2 등等이란, 십법十法 가운데 나머지 팔법八法을 등취하고 있다.
3 자분自分은 제이주第二住 자분십심自分十心이다.
4 승진勝進이란, 곧 권학십법勸學十法이다.

등의 법만을 밝힌 것과 같나니
곧 십주품에서는 수행한 바가 낱낱이 같지 않거니와[5] 지금에 이
범행품에서는[6] 십주를 한꺼번에 수행하는 까닭이다.

疏

三은 前通道俗이요 今別顯出家所行이라

세 번째는 앞에 십주품은 도제와 속제를 통석한 것이고, 지금에는
출가하여 수행할 바를 따로 나타낸 것이다.

鈔

三은 道俗相對니 以文云호대 一切世界에 諸菩薩衆이 依如來敎하야
染衣出家라하니 答中에 廣明受隨戒等이니 前之十住엔 不揀道俗也
니라

세 번째는 도제와 속제를 상대한 것이니,
경문[7]에 말하기를 일체 세계에 모든 보살 대중이 여래의 가르침을
의지하여 물든 옷을 입고 출가한다 하니,

---

5 원문에 十住엔 所修가 ――不同이란, 곧 십주품十住品은 별수別修이다.

6 원문에 금차범행今此梵行 운운은 범행품梵行品은 통수通修이다.

7 경문經文이란, 영인본 화엄 6책, p.14, 9행에 佛子야, 一切世界 운운이다.
　곧 정념천자正念天子가 법혜보살法慧菩薩에게 물은 것이다.

답⁸한 가운데 계를 받고 따르는⁹ 등이라 하여 폭넓게 밝혔으니 앞에 십주에서는 도제와 속제를 가리지 아니한 것이다.

疏

四는 前明隨相差別이요 今顯會緣入實이라

네 번째는 앞에 십주품은 상을 따라 차별함을 밝힌 것이고, 지금에는 인연을 모아 진실에 들어감을 나타낸 것이다.

鈔

四는 隨相實相對니 言隨相者는 卽如前別行하니 行旣不同이 卽是隨相이어니와 今此觀意는 於身無所取하며 於修無所著하며 乃至受無相法하며 觀無相法하며 知一切法이 卽心自性等故니라

네 번째는 수상隨相과 실상을 상대한 것이니,
수상이라고 말한 것은 곧 앞에 별행과 같나니 행이 이미 같지 않는 것이 곧 수상이거니와 지금 여기에 관찰하는 뜻¹⁰은 몸에 취하는

---

8 답答이란, 영인본 화엄 6책, p.15, 8행에 법혜보살法慧菩薩이 답答한 것이다.
9 원문에 수수계受隨戒라고 한 것은 스승에게 계戒를 받고 따라 행하는 것이다.
　세자권歲字卷 상권, 28장, 상7행에 있다. 영인본 화엄은 6책, p.59, 7행이다.
10 원문에 금차관의今此觀意는 영인본 화엄 6책, p.15, 9행에 작의관찰作意觀察이다.

바가 없으며

수행함에 집착하는 바가 없으며

내지 무상법을 받으며

무상법을 관찰하며

일체법이 곧 마음의 지성인 줄 아는 등이라 한 까닭이다.

疏

五는 爲顯入住之因이니 謂自他二種의 梵行淨故로 則入初住也
니라

다섯 번째는 십주에 들어가는 원인을 나타낸 것이니,

말하자면 자타의 두 가지 범행이 청정한 까닭으로 곧 초주에 들어가
는 것이다.

鈔

五는 卽因果相對니 以問云호대 云何而得梵行淸淨이며 從菩薩位로
逮於無上菩提之道고하니 初菩薩位는 卽十住位也라 以說位竟에 恐
物尋因일새 故令修此니 如先知滅하고 後示道故니라

다섯 번째는 곧 인과를 상대한 것이니,

물어 말하기를 어떤 것이 범행이 청정한 것이며 보살의 지위를
좇아서 더 이상 없는 보리의 도에 이르는 것인가 하였으니, 처음

보살의 지위는 곧 십주위이다.
지위를 설하여 마침에 중생들이 그 원인을 찾을까[11] 염려하기에
그런 까닭으로 하여금 이 범행을 닦게 하는 것이니,
마치 먼저 적멸을 알고 뒤에 도를 보인 것과 같은 까닭이다.

疏

六은 別顯初住成佛이니 則類前諸位에 位位成佛이 不由他悟之
相也라 具上諸意일새 有此品來니라

여섯 번째는 초주에 성불함을 따로 나타낸 것이니,
곧 앞의 모든 지위에 지위 지위마다 성불하는 것이 다른 사람의
깨달음을 인유하지 않는다고 한 모습을 비류하여 나타낸 것이다.
위에 모든 뜻을[12] 갖추었기에 또한 이 품이 여기에 온 것이다.

鈔

六은 標釋相對니 卽總釋前義니 謂前一一位末에 皆云호대 欲令菩薩
로 有所聞法하면 卽自開解하고 不由他敎라하니 此但總標일새 故今
釋云호대 與此觀行相應하면 卽得初心成佛하리며 知一切法이 卽心
自性하면 成就慧身이 不由他悟라하니라

---

11 원문에 심인尋因의 因이란, 설위說位의 인因이다.
12 원문에 상제의上諸意란, 위에 여섯 가지 뜻(上之六意)이다.

여섯 번째는 한꺼번에 표한 것과 따로 해석한 것을 상대한 것이니
곧 앞에 뜻을 한꺼번에 해석한 것이니 말하자면 앞에 낱낱 지위[13]
끝에 다 말하기를 보살로 하여금 들을 바 법문이 있다면 곧 스스로
열어서 알고 다른 사람의 가르침을 인유하지 않게 하고자 한다
하였으니,

이것은 다만 한꺼번에 표한 것일 뿐이기에 그런 까닭으로 지금에
해석하여 말하기를 이와 같이 관행함으로 더불어[14] 상응한다면 곧
초발심에 성불함을 얻을 것이며,

일체법이 곧 마음의 지성인 줄 안다면 지혜의 몸을 성취하는 것이
다른 사람의 깨달음[15]을 인유하지 아니할 것이다 하였다.

疏

二에 釋名者는 梵是西域之音이라 具云勃囕摩니 此翻爲淨이어니
와 揀上淨行하야 立梵行名이라 離染中極일새 故名爲梵이요 卽梵
爲行일새 故名梵行이니 持業釋也라 亦有云호대 眞境爲梵이요 智
契爲行이라하며 或涅槃爲梵이요 修因爲行이라하니 此二는 依主
釋이라

---

13 원문에 전일일위前一一位란, 앞에 십주(前十住)의 일일위一一位이다.

14 원문에 여차관행與此觀行 운운은 영인본 화엄 6책, p.80, 9행에 있다.

15 원문에 타오他悟는 위에 십주(上十住)에 불유타교不由他敎라 함과 같은 유형
이다.

두 번째 이름을 해석한 것은 범梵이라고 한 것은 서역의 소리다. 갖추어 말하면 발람마이니,

여기에서 번역하면 정淨이 되거니와 위에 정행[16]을 가려서 범행이라는 이름을 세운 것이다.

더러운 가운데 지극히 더러운 것을 떠났기에 그런 까닭으로 이름을 범梵이라 하는 것이요

범에 즉하여 수행하기에 그런 까닭으로 이름을 범행이라 하는 것이니, 지업석이다.

또 어떤 사람이 말하기를 참다운 경계를 범이라 하고 지혜에 계합하는 것을 행이라 한다 하였으며

혹은 열반을 범이라 하고 원인을 닦는 것을 행이라 한다 하였으니, 이 두 가지[17] 해석은 의주석이다.

鈔

二에 釋名者는 若譯就此方인댄 應名淨行이거늘 爲揀前故로 此存梵音이라 二에 眞境爲梵은 約因中釋이요 三에 涅槃爲梵은 約因果對釋이니 並可知也라

두 번째 이름을 해석한 것이라고 한 것은 만약 번역이 차방此方에

---

16 위에 정행이란, 제십일품第十一品이 정행품淨行品이고, 여기 제십육품이 범행품이기에 하는 말이다.

17 원문에 차이此二는 역유운亦有云과 혹열반운或涅槃云이다.

나아간다면 응당 정행淨行이라 해야 할 것이거늘 앞에 정행을 가리기 위한 까닭으로 이 품에서는 범어의 소리(音)를 그대로 둔 것[18]이다.

두 번째 참다운 경계를 범이라 한다고 한 것은 원인 가운데를 잡아서 해석한 것이요
세 번째 열반을 범이라 한다고 한 것은 인과를 잡아서 상대하여 해석한 것이니 아울러 가히 알 수 있을 것이다.

疏

梵行은 以何爲體고 體略有三하니 一者는 卽戒니 戒能防非일새 故得稱梵이요 二者는 四等이요 三者는 是慧라 涅槃五行中엔 梵行이 卽四無量이며 亦七善知어니와 今此品中엔 具含三義니라

범행은 무엇으로써 자체를 삼는가.
자체에 대략 세 가지가 있나니
첫 번째는 곧 계戒이니, 계는 능히 잘못을 막는 것이기에 그런 까닭으로 범이라 이름함을 얻는 것이요
두 번째는 사무량심 등[19]이요
세 번째는 지혜이다.

---

18 원문에 존범음存梵音이라고 한 것은 범어梵語를 번역하지 않고 소리 나는 대로 두었다는 것이다.
19 등等은 지智와 칠선지七善知이다.

『열반경』오행五行 가운데는 범행이 곧 사무량심이며 또한 칠선지七
善知[20]다 하였거니와 지금 이 품품 가운데는 위에 세 가지 뜻을 포함하
였다.

鈔

言涅槃五行者는 涅槃十一에 聖行品等이니 謂一은 聖行이요 二는
梵行이요 三은 天行이요 四는 嬰兒行이요 五는 病行이라하니라 卽四無
量等者는 經具此二요 古德出體에도 亦用此二하니라 其梵行品은 在
十五經이요 四無量義는 次下自明하니라 亦七善知者는 經云호대 善
男子야 云何菩薩摩訶薩梵行고 善男子야 菩薩摩訶薩이 住於大乘
의 大般涅槃하야 住七善法인댄 得具梵行하리니 何等爲七고 一者는
知法이요 二者는 知義요 三者는 知時요 四者는 知足이요 五는 知自요
六은 知衆이요 七은 知尊卑라하야 彼文廣釋하얏거니와 今當略示하리
라 知法은 謂知十二部經이요 知義는 謂一切文字와 語言에 善知其義
요 知時는 謂如是時中엔 堪修靜慮하고 如是時中엔 堪修精進等이요
知足은 謂飮食衣服藥等이요 知自者는 謂我에 有如是信戒等이요 知
衆은 謂刹利와 婆羅門等이요 知尊卑는 云善男子야 有二種人하니
一者는 信이요 二者는 不信이라 菩薩當知하라 信者는 是善이요 不信
者는 不名爲善이라 信復二種하니 一者는 往詣僧坊이요 二者는 不往
니 往詣者는 善이요 不往詣者는 不名爲善이라 如是禮拜聽法하며 至

---

20 칠선지七善知는 명법품明法品에도 이름만 거명擧名하였다. 영인본 화엄 6책,
    p.285, 말행末行이다. 선지善知는 『잡화기』에 곧 지금 경에 혜慧라 하였다.

心思義하며 如說修行하며 求聲聞乘하며 迴向大乘이라하니 展轉皆
同初二니라 故後結云호대 迴向大乘이 最上最善이라하니 不出尊卑
之名이라 意云호대 善者爲尊이요 不善者爲卑니 則後後가 尊於前前
耳니라

『열반경』[21] 오행이라고 말한 것은 곧『열반경』십일권에 성행품
등[22]이니

말하자면 첫 번째는 성행품이요

두 번째는 범행품이요

세 번째는 천행품이요

네 번째는 영아행품이요

---

21 『열반경』이란, 권수는 십일권에 해당하고 품은 성행품으로 제칠에 해당한다.
이상은 『잡화기』의 말이다.

22 品 자 아래에 等 자가 있어야 할 것 같다. 잘못 보면 성행품聖行品 가운데
오행五行이 있는 줄 착각할 수 있기 때문이다. 그리고 순서도 성행품聖行品과
병행품病行品이 바뀌었다. 『열반경』제일권第十卷은 병행품病行品이고, 십일
十一·십이十二·십삼권十三卷은 성행품聖行品이고, 십사十四·십오十五·십육
十六·십칠十七·십팔권전반十八卷前半은 범행품梵行品이고, 십팔권후반十八
卷後半은 영아행품嬰兒行品이다. 천행품天行品은『열반경』엔 따로 없다. 다만
십팔권초十八卷初 범행품梵行品이 끝날 무렵 아사세왕이 병이 나을 때 큰
광명光明이 비치었다. 그때 그 광명光明이 누구의 광명인가 하고 물으니,
기바가 천중천天中天(부처님)의 광명이라고 한 것을 천행天行이라 한 것 같다.
책 권수는 남북장경南北藏經이 차이가 있다. 지금은 한글장경을 기준하였다.
십팔권十八卷에 우담발라 꽃은 달빛이 되게 한다 하였다. 한글장경 열반부
1, p.364, 상단上段에 있다.

다섯 번째는 병행품이다 하였다.

곧 사무량심 등이라고 한 것은 『열반경』에[23] 이 두 가지[24]를 갖추었고 고덕이 자체를 설출함에도 또한 이 두 가지를 인용하였다.
그 『열반경』에 범행품은 제십오경[25]에 있고 사무량심의 뜻은 그 다음 아래[26]에 자연스레 밝혔다.

또한 칠선지七善知[27]라고 한 것은 『열반경』에 말하기를 선남자야, 어떤 것이 보살마하살의 범행이 되는가.
선남자야, 보살마하살이 대승의 대열반에 머물러 칠선법에 머문다면 범행을 갖춤을 얻을 것이니
어떤 등이 일곱 가지가 되는가.
첫 번째는 법을 아는 것이요

---

23 『열반경』에 이 두 가지를 갖추었다고 한 것은 저 『열반경』에 행의 자체가 이 두 가지 뜻을 갖추었다고 말하는 것이다. 고덕이 지금 경에 행의 자체를 설출함에도 저 『열반경』에 두 가지 뜻을 인용하였다. 역시 『잡화기』의 말이다.

24 원문에 此二란, 사무량四無量과 칠선지七善知이다.

25 제십오경이라고 한 것은 총표(십일경)하고 별석하는 가운데 범행을 해석하는 것이 『열반경』 범행품 제십오경에 해당한다는 것이다. 역시 『잡화기』의 말이다.

26 원문에 次下란, 한글장경 기준으로 범행품梵行品 처음 시작하여 두 장 뒤에 또 선남자야, 또 범행梵行이 있나니 자慈·비悲·희喜·사捨라 하였으니, 범행품 梵行品 중 次下이다.

27 원문에 七善知者는 『열반경』 15권 初이다. 한글장경은 14권, p.269, 1행이다.

두 번째는 뜻을 아는 것이요

세 번째는 때를 아는 것이요

네 번째는 만족함을 아는 것이요

다섯 번째는 자기를 아는 것이요

여섯 번째는 대중大衆[28]을 아는 것이요

일곱 번째는 높고 낮은 것을 아는 것[29]이다 하여 저『열반경』문에 폭넓게 해석하였거니와[30] 지금에 마땅히 간략하게 현시하겠다.

법을 안다고 한 것은 말하자면 십이부경을 아는 것이요

뜻을 안다고 한 것은 말하자면 일체 문자와 말에 그 뜻을 잘 아는 것이요

때를 안다고 한 것은 말하자면 이와 같은 때 가운데는 정려 닦음을 감당한다고, 이와 같은 때 가운데는 정진 닦음을 감당한다고 한 등[31]이요

만족함을 안다고 한 것은 말하자면 음식과 의복과 약 등[32]이요

---

28 대중大衆이란, 사성대중四姓大衆, 거사居士·사문대중를 말한다.

29 원문에 지존비知尊卑란, 사람의 높고 낮음을 말한다.

30 원문에 피문광석彼文廣釋은 저 경에 일곱 번째는 높고 낮은 것을 아는 것이라 하고 선남자야, 어떤 것을 보살마하살이 법을 아는 것이라 하는가. 선남자야, 보살마하살이 십이부경十二部經을 알아야 하나니 수우트라(契經), 게야(重頌), 뱌아카라나(授記), 가아타아(孤起頌) 운운하고, 낱낱이 설명說明하였다. 물론 칠선지七善知를 다 낱낱이 문답으로 설명하였다.

31 등等이란, 선정과 부처님께 공양함과 스님께 공양함과 보시·지계·인욕 등을 말하고 있다.

32 약 등이란, 행行·주住·좌坐·와臥, 자고 깨고 말하고 침묵하는 등을 말하고

자기를 안다고 한 것은 말하자면 나에게 이와 같은 믿음과 계행 등[33]이 있다는 것이요

대중을 안다고 한 것은 말하자면 찰제리와 바라문 등[34]이요

높고 낮은 것을 안다고 한 것은 저 경[35]에 말하기를 선남자야, 두 종류의 사람이 있나니

첫 번째는 믿는 사람이요

두 번째는 믿지 않는 사람이다.

보살아, 마땅히 알아라. 믿는 사람은 선하고 믿지 않는 사람은 선하다 이름할 수 없다.

믿는 사람이 다시 두 종류가 있나니

첫 번째는 승방僧坊[36]에 나아가는 사람이요

두 번째는 승방에 나아가지 않는 사람이니

승방에 나아가는 사람은 선하고 승방에 나아가지 않는 사람은 선하다 이름할 수 없다.

이와 같이 예배하여[37] 법을 들으며

있다.

33 계행 등이란, 기억·버림·지혜·거래·바른 생각·선행·물음·대답 등을 포함하고 있다.

34 바라문 등이란, 찰제리·바라문·거사·스님 등에게 가고 오고 앉고 일어나고 설법하고 문답하는 것을 안다는 것이다.

35 저 경이란, 한글장경 열반부 1, p.272, 상단上段이다.『열반경』제15권이고, 한글장경으로는 제14권이다.

36 승방僧坊은 곧 절이다.

37 이와 같이 예배 운운은 차례와 같이 이 법을 듣고 생각하고 수행하는 것이다.

지극한 마음으로 뜻을 생각하며

설함과 같이 수행하며

성문승을 구하며[38]

대승에 회향한다 하였으니,

전전히 다 처음에 두 유형[39]의 사람[40]과 같다.

그런 까닭으로 뒤에 맺어 말하기를 대승에 회향하는 것이 가장 높고 가장 선한 사람[41]이다 하였으니,

높고 낮다는 이름을 벗어나지 않는 것이다.

그 뜻에 말하기를 선한 사람이라고 한 것은 높은 사람이 되고 선하지 않는 사람이라고 한 것은 낮은 사람이 되나니,

곧 뒤에 뒤에 사람이 앞에 앞에 사람보다 높은 것이다.

그 가운데 선한 사람과 선하지 않는 사람이 있는 까닭으로 다음 줄에 전전展轉이라고 말한 것이다. 역시 『잡화기』의 말이다.

38 성문승을 구한다고 한 등은 이것이 이 수행하는 가운데 선한 사람과 선하지 않은 사람이 있는 까닭이다. 저 『열반경』 문에 말하기를 수행에 다시 두 가지가 있나니 첫 번째는 성문을 구하는 것이고, 두 번째는 대승에 회향하는 것이다 하였다.

39 원문에 初二란, 1. 두 종류 사람, 2. 믿는 사람에 다시 두 종류 사람을 말함이다.

40 처음에 두 유형의 사람이란 첫 번째는 믿는 사람과 믿지 않는 사람이고, 두 번째는 승방에 나아가는 사람과 승방에 나아가지 않는 사람이다. 역시 『잡화기』의 말이다.

41 원문에 最善까지가 『열반경涅槃經』의 말이다.

疏

然이나 此三各二니 戒有二者는 一은 隨相이요 二는 離相이라 今文
엔 卽相無相이니 依如來敎하야 染衣出家하야 乞食正命은 是隨相
也요 於修無所著하야 則戒相如虛空은 卽離相也라 四等二者는
一은 有緣이요 二는 無緣이니 生緣法緣이 皆名爲有니라 今卽緣無
緣이니 觀察衆生하야 而不捨離는 是有緣也요 了知境界가 如幻如
夢은 卽無緣也라 慧有二者는 一은 有分別이요 二는 無分別이라
今卽分別이 是無分別이니 謂於十法에 一一推徵은 是分別也요
觀無相法하야 了知平等하고 離念契玄은 卽無分別也라 上三中
二義에 各初義는 通凡小요 後義는 唯大乘이요 此二不二는 爲實
敎梵行이요 若一行具一切佛法인댄 方是華嚴之梵行也니라

그러나 이 세 가지[42]가 각각 두 가지가 있나니
계에 두 가지가 있는 것은 첫 번째는 계상을 따르는 것이요,
두 번째는 계상을 떠나는 것이다.
지금 경문에는 곧 계상이 상이 없는 것이니,
여래의 가르침을 의지하여 물들인 옷을 입고 출가하여 걸식으로
바른 생활을 하는 것은 이것은 계상을 따르는 것이요
수행함에 집착하는 바가 없어서 곧 계상戒相이 허공과 같은 것은
곧 계상을 떠나는 것이다.

---

42 원문에 此三이라고 한 것은 1. 계戒, 2. 사등四等, 3. 혜慧이다.

사무량심 등에 두 가지[43]는 첫 번째는 인연이 있는 것이요[44]
두 번째는 인연이 없는 것이니,
태어나는 인연과 진리의 인연이 다 이름이 인연이 있다고 함이
되는 것이다.
지금 경문에는 곧 인연이 인연이 없는 것이니,
중생을 관찰하여 버리고 떠나지 않는 것은 이것은 인연이 있는
것이요
경계가 환상과 같고 꿈과 같은 줄 아는 것은 곧 인연이 없는 것이다.
지혜에 두 가지가 있는 것은 첫 번째는 분별이 있는 것이요,
두 번째는 분별이 없는 것이다.
지금 경문에는 곧 분별이 이 분별이 없는 것이니,
말하자면 십법에 낱낱이 미루어 물은 것은 이것은 분별이요,
무상의 법을 관찰하여 평등을 알고 생각을 떠나 현묘함에 계합하는
것은 곧 분별이 없는 것이다.

위에 세 가지 가운데 두 가지 뜻에 각각 처음에 뜻은 범부와 소승에
통하고,
뒤에 뜻은 오직 대승에만 통하고,
이 두 가지가 두 가지가 아닌 것은 실교의 범행이 되고,

---

43 원문에 사등이자四等二者는 사무량심四無量心 등이 각각 삼연三緣이 있지만
  지금에는 생연生緣과 법연法緣을 포함(含)하여 유연有緣이라 하였다.
44 첫 번째는 인연이 있는 것이라고 한 것은 『잡화기』에 이연二緣의 해석은
  『대법수』 9권 28장과 29장에 보인다 하였다.

만약 한 행에 일체 불법을 갖춘다면 바야흐로 화엄교의 범행이
되는 것이다.

疏

梵卽是淨이니 但以性淨故로 卽行淨하고 行淨故로 則智慧淨하며
智慧淨故로 則心淨하고 心淨故로 一切功德淨하며 乃至成佛히
功歸於行故로 云淨行이라하니라

범이라고 한 것은 곧 이 정淨[45]이니
다만 자성이 청정한 까닭으로 곧 행이 청정하고, 행이 청정한 까닭으
로 곧 지혜가 청정하며,
지혜가 청정한 까닭으로 곧 마음이 청정하고, 마음이 청정한 까닭으
로 일체 공덕이 청정하며,
이에 성불함에 이르기까지 공덕이 행에 돌아가는 까닭으로 말하기를
청정한 행(梵行)이다 하였다.

鈔

梵卽是淨下는 第三에 結成本名이라 此用淨名經勢하야 會通異釋이
니 皆爲總意니라 前釋名中에 有其三釋거늘 今云호대 梵卽是淨者는

---

45 범이라고 한 것은 곧 이 정淨이라고 한 것은, 그 뜻에 말하기를 범행이
곧 이 청정행이라는 것이다 하였다.

是前總釋이니 持業受名이라 但以性下는 會取上二니 性淨은 卽前에
眞境爲梵이라 眞境이 旣是淨行之因인댄 不得行外說淨이니 淨卽行
矣니라 又云호대 行淨故로 卽智慧淨者는 行淨이 卽是智慧之因인댄
不可獨以智爲行也니라 智淨故로 卽心淨者는 亦不但以眞境으로 而
爲淨也니라 心淨故로 卽一切功德淨者는 會前涅槃爲淨하고 修因爲
行이니 因亦淨矣니라 乃至成佛히 功歸於行者는 歸淨行矣니 旣涅槃
果가 由淨行成인댄 何得偏言涅槃爲淨이리요 是知行卽淨矣니라 言
以淨名勢者는 彼經云호대 是故寶積아 隨其直心하야 則能發行이라
하며 乃至云호대 隨說法淨하야 則智慧淨하고 隨智慧淨하야 則其心
淨하며 隨其心淨하야 則一切功德淨이라하니 卽其文也니라 文勢已
知어니와 何以性淨하면 則得行淨等고 謂稱理起行하고 行成智立하
며 由智立故로 見心本淨이라 心爲其主어니 何德不成이리요 故相由
矣니라

범이라고 한 것은 곧 정이라고 한 아래는 제 세 번째 본래의 이름[46]을
맺어 성립한 것이다.
이 말은 『정명경』의 문세를 인용하여 다른 해석을 회통한 것이니
다 총의總意가 되는 것이다.

앞[47]에 이름을 해석한 가운데 세 가지 해석이 있었거늘 지금에 말하

---

46 원문에 본명本名은 범행품梵行品이다.
47 앞(前)이란, 영인본 화엄 6책, p.8, 2행이다.

기를 범梵이라고 한 것은 곧 이 정淨이라 한 것은 이것은 앞에 총석總釋[48]이니,

지업석으로 이름을 받은 것이다.

다만 자성이 청정한 까닭이라고 한 아래는 위에 두 가지 해석을 모아서 취한 것이니,

자성이 청정하다고 한 것은 곧 앞에 참다운 경계[49]를 범이라 한 것이다.

참다운 경계가 이미 청정한 행의 원인이라고 하였다면 행 밖에 정淨을 설함을 얻을 수 없나니,

정이 곧 행인 것이다.

또 말하기를 행이 청정한 까닭[50]으로 곧 지혜가 청정하다고 한 것은 행이 청정한 것이 곧 지혜의 원인이라고 한다면 가히 홀로 지혜로써만 행을 삼을 수는 없는 것이다.

지혜가 청정한 까닭[51]으로 곧 마음이 청정하다고 한 것은 또한 다만 참다운 경계로써만 청정함을 삼을 수는 없는 것이다.

마음이 청정한 까닭[52]으로 곧 일체 공덕이[53] 청정하다고 한 것은

---

48 앞에 총석總釋이라고 한 것은 참다운 경계가 청정한 것은 이 청정한 행의 원인이고 열반이 청정한 것은 청정한 행의 결과이니, 곧 이것은 청정한 행이 그 총이 되는 것이다. 역시 『잡화기』의 말이다. 총석總釋은 삼석三釋 가운데 제일석第一釋이다.

49 원문에 전진경前眞境은 제이석第二釋이다.

50 정淨 자 아래에 고故 자가 있어야 한다.

51 정淨 자 아래에 역시 고故 자가 있어야 한다.

52 정淨 자 아래에 역시 고故 자가 있어야 한다.

앞에 열반[54]을 정(梵)이라 하고 원인을 닦는 것을 행이라 한 것을 회통한 것이니,

원인이 또한 정인 것이다.

이에 성불함에 이르기까지 공덕이 행에 돌아간다고 한 것은 정행에 돌아가는 것이니,

이미 열반의 과보가 정행을 인유하여 이루어졌다면 어찌 치우쳐 열반만이 정이 된다고 말함을 얻겠는가.

이에 행이 곧 정인 줄 알아야 할 것이다.

초문에『정명경』의 문세를 인용하였다고 말한 것은 저『정명경』[55]에 말하기를 이런 까닭으로 보적寶積[56]아, 그 직심直心을 따라 곧 능히 행을 일으킨다 하였으며

내지 말하기를 설법이 청정함을 따라 곧 지혜가 청정하고, 지혜가 청정함을 따라 곧 그 마음이 청정하며, 그 마음이 청정함을 따라 곧 일체 공덕이 청정하다 하였으니 곧 그 문장이다.

문세文勢는 이미 알았거니와 무슨 까닭으로 자성이 청정하면 곧 행이 청정하다고 한 등을 얻는가.

---

53 원문에 심정고즉일체공덕心淨故卽一切功德이란, 마음(心)은 이 열반涅槃의 마음이고, 공덕功德은 열반사덕涅槃四德의 유형이다.

54 원문에 전열반前涅槃은 제삼석第三釋이다.

55 『정명경淨名經』은 제일第一 불국품佛國品 末 즈음에 있다.

56 보적寶積은 장자長者의 아들이다. 그리고 보적寶積 아래(下)에 보살菩薩 두 글자(二字)가 있음이 좋다.

말하자면 진리에 칭합함으로 행이 일어나고, 행이 이루어짐으로
지혜가 서며, 지혜가 섬을 인유한 까닭으로 마음이 본래 청정함을
보는 것이다.
마음이 그 주인이 되거니 무슨 공덕인들 이루지 못하겠는가. 그런
까닭으로 서로 인유[57]하는 것이다.

疏

然이나 前信中之淨은 隨事造修하야 悲智兼導어니와 至此純熟하
야는 了心自性하야 悲智無二일새 故小有不同하니라

그러나 십신 가운데 정淨[58]은 사실을 따라 수행을 지어 자비와 지혜를
함께 인도하였거니와, 지금 여기에 이르러 순숙[59]하여서는 마음의
자성을 알아 자비와 지혜가 둘이 없기에 그런 까닭으로 조금은
같지 아니함이 있는 것이다.

疏

三에 宗趣者는 卽以悲智無二와 事理雙修하는 觀行으로 爲宗이요
疾滿一切佛法으로 爲趣니라

---

57 원문에 상유相由라고 한 것은 성정고性淨故로 즉행정卽行淨하고 행정고行淨故
로 즉지혜정卽智慧淨 운운한 것이다.
58 원문에 신중지정信中之淨은 십신十信 가운데 정행품淨行品이다.
59 원문에 지차순숙至此純熟은 십주十住 가운데 범행품梵行品이다.

세 번째 종취는 곧 자비와 지혜가 둘이 없는 것과 사실과 진리를
함께 닦는 관행으로 종을 삼고
빨리 일체 불법을 충만케 하는 것으로 취를 삼는 것이다.

經

爾時에 正念天子가 白法慧菩薩言호대

그때에 정념천자가 법혜보살에게 여쭈어 말하기를

疏

第四는 釋文이라 文分爲二리니 先問後答이라 今初亦二니 先은 敍問答之人이라 正念天子問者는 天淨也니 表所問事理가 染相 絶故며 梵依天行하야 而得成故니라 念與無念이 二而不二가 爲正 念也니라 法慧答者는 表巧慧窮法이라

제 네 번째는 경문을 해석한 것이다.
경문을 나누어 두 가지로 하리니
먼저는 묻는 것이요
뒤에는 답한 것이다.
지금은 처음으로 또한 두 가지가 있나니
먼저는 묻고 답하는 사람을 서술한 것이다.

정념천자가 물은 것은 하늘의 청정이니
물은 바 사실과 진리가 물든 모습이 끊어진 것을 표한 까닭이며
범梵은 천행天行을 의지하여 이름을 얻는 까닭이다.
생각과 더불어 생각이 없는 것이 둘이지만 둘이 없는 것이 정념이

되는 것이다.

법혜보살이 답한 것은 선교의 지혜로 법을 다하는 것을 표한 것이다.

鈔

梵依天行者는 涅槃天行이니 經文不釋일새 指在華嚴이라 古人出體
도 亦有二義하니 一은 指八禪이요 二는 卽淨天이라 淨天은 卽第一義
天이니 見第一義에 梵行成矣일새 故로 梵依天行得成이라하니라

범은 천행을 의지한다고 한 것은 『열반경』에 천행天行[60]이니
『열반경』 문에는 해석하지 않았기에 『화엄경』에 있다고 가리키는
것이다.[61]
고인古人[62]이 자체를 설출한 것도 또한 두 가지 뜻이 있나니,

---

60 천행天行이라고 한 것은 곧 오행五行 가운데 제 세 번째이니, 저 열반 가운데
  표하기만 하고 해석은 하지 않아 다만 『화엄경』에 있다고만 가리킨 것이라
  말하니 곧 지금의 범행품을 말한 것이다. 마치 『법화경』에서 『화엄경』에
  비로소 나의 몸을 본다 운운한 것을 말한 것이라고 가리킨 것과 같다. 역시
  『잡화기』의 말이다.
61 원문에 경문불석經文不釋일새 지재화엄指在華嚴이란, 저 열반소주涅槃疏主가
  저 『열반경』 가운데 上五行 중에 제삼천행第三天行을 해석하지 않고 이(此)
  『화엄경華嚴經』에 있다고 가리킨 것이니, 저 소주疏主가 이(此) 『화엄경華嚴經』
  제삼지第三地에 팔선八禪과 그리고 이(此) 범행품梵行品에 정천淨天에 있다고
  가리켰다.
62 고인古人은 열반소주涅槃疏主이다.

첫 번째는 팔선八禪[63]을 가리킨 것이요

두 번째는 곧 정천淨天이다.

정천은 곧 제일의천第一義天이니,

제일의천에서 범행이 이루어짐을 보기에 그런 까닭으로 천행을

의지하여 이룸을 얻는다고 한 것이다.

---

63 팔선八禪은 색계色界 사선천四禪天과 무색계無色界 사선천四禪天(空無邊處天
   등)이다.

經

佛子야 一切世界에 諸菩薩衆이 依如來敎하야 染衣出家인댄 云
何而得梵行淸淨하야 從菩薩位로 逮於無上菩提之道릿가

불자여, 일체 세계에 모든 보살 대중이 여래의 가르침을 의지하여
물들인 옷을 입고 출가하였다면 어떻게 하여야 범행이 청정함을
얻어 보살의 지위로 좇아 더 이상 없는 보리의 도에 이르겠습니까.

疏

後에 佛子下는 正顯問端이니 於中에 先은 擧所問境이요 次에 云何
下는 述所問相이라 問相有二하니 一은 問行淨所因이니 謂隨相持
戒之梵行으로 云何得離相之淸淨고할새 故不應言淨劣梵也니라
二에 從菩薩下는 問因所得果라

불자로 좇아 아래는 바로 묻는 단서를 나타낸 것이니,
그 가운데 먼저는 묻는 바 경계를 거론한 것이요
다음에 어떻게라고 한 아래는 묻는 바 모습을 진술한 것이다.
묻는 모습에 두 가지가 있나니
첫 번째는 행정行淨의 원인하는 바를 물은 것이니,
말하자면 모습을 따라 계를 가지는 범행으로 어떻게 모습을 떠난
청정을 얻겠는가 하기에 그런 까닭으로 응당 정淨이 범梵[64]보다 하열
하다고 말할 수는 없는 것이다.

두 번째 보살의 지위로 좇아라고 한 아래는 원인으로 얻을 바 과보를
물은 것이다.

鈔

故不應言下는 此揀異釋이니 異釋云호대 淨行品劣일새 故名淨行이
요 十住明梵은 明知勝也라할새 故今彈云호대 云何而得梵行淸淨은
梵行은 是其所淨이거늘 何得勝於淨耶아

그런 까닭으로 응당 말할 수 없다고 한 아래는 이것은 다른 해석을
가린 것[65]이니,
다른 해석에 말하기를 정행품은 하열하기에 그런 까닭으로 이름을
정행이라 하고, 십주에 범을 밝힌 것은 수승한 줄 분명히 알 것이다
하기에 그런 까닭으로 지금에 탄핵하여 말하기를 어떻게 하여야
범행이 청정함을 얻어서라고 한 것은 범행은 그 소정所淨이거늘
어찌 정행보다 수승하다고 함을 얻겠는가 한 것이다.

---

64 정淨은 정행품淨行品의 정淨이고, 범梵은 범행품梵行品의 범梵이다.

65 원문에 간이석揀異釋은, 그 다른 해석의 뜻은 정행淨行이 십신위十信位에
   있는 까닭으로 하열하다 하거니와, 지금에 말하기를 모습을 떠나 계戒를
   가지는 범행梵行이 정행淨行을 인유하여 청정淸淨을 얻나니, 범행梵行은 소정
   所淨이고 정행淨行은 능정能淨이니 능소能所에 어찌 우열이 있겠는가 하는
   뜻이다.

經

法慧菩薩言호대 佛子야 菩薩摩訶薩이 修梵行時에 應以十法으
로 而爲所緣하야 作意觀察이니 所謂身身業과 語語業과 意意業
과 佛法僧戒니라 應如是觀호대 爲身是梵行耶아 乃至戒是梵行
耶아하라

법혜보살이 말하기를 불자여, 보살마하살이 범행을 닦을 때에
응당 열 가지 법으로써 소연을 삼아 뜻을 지어 관찰해야 하나니,
말하자면 몸과 몸의 업과
말과 말의 업과
뜻과 뜻의 업과
부처님과 법과 스님과 계율입니다.
응당 이와 같이 관찰하기를 몸이 이 범행이 되는가 내지 계율이
이 범행이 되는가 할 것입니다.

疏

第二에 法慧下는 答이라 答前二問이니 卽爲二別이라 先은 答行淨
所因이요 後에 若諸菩薩下는 答因所成果니 斯卽觀成利益也라
今初分二리니 先은 明自行淸淨이니 卽離相之戒成이요 後에 復應
修習下는 明利他之行淨이니 卽無緣之四等이라 二種智慧는 通
在兩文이니 爲能淨故니라 前中分四리니 一은 總示所應이요 二에

所謂下는 列名略釋이요 三에 若身是下는 廣陳修相이요 四에 如是
觀已下는 顯觀成相이라 今初에 作意者는 不墮無記故요 觀察者는
以慧推求故라 二中에 初列十法이니 卽列上所緣之境이요 後에
應如是觀下는 釋上作意觀察所以라 唯令觀十法者는 一은 爲成
圓數요 二는 梵行緣體가 不離此十이니 謂身口意三은 是行所依
處요 三業은 行因이요 三寶는 行緣이요 戒는 爲行體라 問이라 以善
三業으로 歸於三寶하야 得受隨戒인댄 何要觀耶아 答이라 若不觀
察하고 取相堅持인댄 同權小故며 見戒從緣하야 起心持戒인댄 爲
迷倒故니라 云何觀耶아 廣在下文거니와 今略釋之리라 意云十中
에 隨一若是인댄 餘九卽非니 明假衆緣하야 以顯無性거든 況十中
各十이리요 一一推徵하야 相盡理現이 名眞梵行이라

제 두 번째[66] 법혜보살이라고 한 아래는 답한 것이다.
앞에 두 가지 물음[67]에 답한 것이니, 곧 두 가지 다름이 되는 것이다.
먼저는 행정의 원인하는 바를 답한 것이요
뒤에 만약 모든 보살이라고 한 아래는 원인으로 이룰 바 과보[68]를
답한 것이니,
이것은 곧 관행으로 이익을 이루는 것이다.

---

66 第一이라 한 一 자는 二 자의 잘못이다.
67 원문에 二問은, 一은 행정소인行淨所因이고, 二는 인소득과因所得果이다.
68 원인(因)은 보살菩薩이고, 과보(果)는 무상보리無上菩提이다.

지금은 처음으로 두 가지로 나누리니

먼저는 자리행의 청정함을 밝힌 것이니 곧 모습을 떠난 계행이 이루어지는 것이요

뒤에 다시 응당 닦아 익힌다고 한 아래는 이타의 행이 청정함을 밝힌 것이니 곧 무연無緣의 네 가지 등[69]이다.

두 가지 지혜는[70] 모두 두 문장이 있나니 능정能淨이 되는 까닭이다.

앞의 가운데 네 가지로 나누리니

첫 번째는 응당 반연할 바를 한꺼번에 보인 것이요

두 번째 말하자면이라고 한 아래는 이름을 열거하여 간략하게 해석한 것이요

세 번째 만약 몸이 이 범행이라고 한다면이라고 한 아래는 닦는 모습을 널리 진술한 것이요

네 번째 이와 같이 관찰하여 마쳤다고[71] 한 아래는 관찰하여 이루는 모습을 나타낸 것이다.

지금은 처음으로 뜻을 짓는다고 한 것은 무기無記에 떨어지지 않는 까닭이요

---

69 원문에 사등四等은 자자慈·비悲·희喜·사捨이다. 등등에는 대지大智가 포함되어 있다.

70 두 가지 지혜 운운은 영인본 화엄 6책, p.79, 8행 이하 참조. 즉 그 뜻은 무연無緣의 자慈·비悲·희喜·사지捨智라는 것이다.

71 이와 같이 관찰하여 마쳤다고 한 것은 영인본 화엄 6책, p.65, 7행이다.

관찰한다고 한 것은 지혜로써 추구하는 까닭이다.

두 번째 가운데 처음에는 열 가지 법을 열거한 것이니 곧 위에 소연의 경계[72]를 열거한 것이요

뒤에 응당 이와 같이 관찰한다고 한 아래는 위에 뜻을 지어 관찰하는 까닭을 해석한 것이다.

오직 하여금 열 가지 법으로 관찰하게 한 것은 첫 번째는 원수圓數를 이루기 위한 것이요

두 번째는 범행梵行의 연체緣體가 이 열 가지 법을 떠나지 않는 것이니,

말하자면 몸과 입과 뜻의 세 가지[73]는 이 행의 의지할 바 처소요

삼업三業[74]은 행의 원인이요

삼보는 행의 조연이요

계는 행의 자체가 되는 것이다.

물겠다.

선한 삼업으로 삼보에 귀의하여 계를 받고 따름을 얻었다면 어찌 관찰하기를 요망하는가.

답하겠다.

만약 관찰하지 않고 모습만 취하여 굳게 가진다면 권교 소승과 같은 까닭이며, 계행만 보고 인연을 좇아 마음을 일으켜[75] 계를

---

72 위에 소연의 경계란, 경문經文에 십법十法으로 위소연爲所緣이라 한 것이다.
73 원문에 신구의삼身口意三이라고 한 것은 經에 신어의身語意이다.
74 삼업三業은 經에 신업身業·어업語業·의업意業이다.

가진다면 미혹하여 전도함[76]이 되는 까닭이다.

어떻게 관찰하는가.

폭넓게 설한 것은 하문下文에 있거니와 지금에는 간략하게 해석하겠다.

그 뜻에 말하기를 십법 가운데 하나만을 따라 만약 옳다고 한다면 나머지 아홉 가지는 곧 그른 것이니,

수많은 인연을 가자함을 밝혀 자성이 없음을 나타낸 것이어든 하물며 열 가지 가운데 각각 열 가지겠는가.[77]

낱낱이 추징하여 모습을 다하고 진리를 나타내는 것이 이름이 진실한 범행이다.

---

75 계행만 보고 인연을 좇아 마음을 일으킨다고 한 것은, 계행은 안의 원인과 밖의 조연 등을 인유하여 생기는 까닭이다. 역시 『잡화기』의 말이다.

76 미혹하여 전도함이란, 『잡화기』에 곧 범부라 하였다.

77 원문에 각십各十이라고 한 것은 소본에는 갖추어 말하기를 각구십의各具十義라 하였다. 역시 『잡화기』의 말이다.

經

若身是梵行者인댄 當知梵行이 則爲非善이며 則爲非法이며 則
爲渾濁이며 則爲臭惡이며 則爲不淨이며 則爲可厭이며 則爲違
逆이며 則爲雜染이며 則爲死屍이며 則爲蟲聚리라

만약 몸이 이 범행이라고 한다면 마땅히 알아야 합니다.
범행이 곧 선하지 않는 것이 되며
곧 법답지 않는 것이 되며
곧 혼탁한 것이 되며
곧 냄새가 악한 것이 되며
곧 깨끗하지 않은 것이 되며
곧 가히 싫어할 것이 되며
곧 어기는 것이 되며
곧 섞이어 더러운 것이 되며
곧 죽은 시체가 되며
곧 벌레의 무더기가 될 것입니다.

疏

第三은 廣陳修相이니 卽尋伺觀也라 十法을 卽爲十段하리니 前六
通染이니 是故로 但約染淨相違하야 名非梵行이언정 亦不析破彼
法自體니라 後四唯淨이니 順於梵行이라 故로 分析體空거니 何有
梵行이리요 十中各先은 總牒觀境이요 後는 以十事로 徵顯其非라

今初身具中에 一에 非善者는 身通不善일새 體非順理어니와 梵行
善性일새 體能順理라 二法旣殊인댄 明身非梵行이리니 梵行何在
리요 他皆倣此니라 當知梵行之言은 貫通諸句니라 二는 體是無記
일새 非可軌法이요 三은 飮食資成이요 四는 自相臭惡이요 五는
自性不淨이요 六은 種子住處等이 皆悉可厭이요 七은 四蛇違反이
요 八은 業惑所依故요 九는 是身無知며 又要當死일새 究竟不淨
故요 十은 八萬戶蟲이 戶有九億이니 全以蟲聚로 成其身故니라

제 세 번째는 닦는 모습을 폭넓게 진술한 것이니,
곧 찾아서 사유하여 관찰하는(尋思觀)[78] 것이다.
관찰할 바 열 가지 법을 곧 십단으로 하리니
앞에 육단은 염染에도 통하나니[79] 이런 까닭으로 다만 염染과 정淨이
서로 어기는 것만을 잡아 범행이 아니라고 이름하였을지언정 또한
저 법의 자체를 분석하여 깨뜨린 것은 아니다.
뒤에 사단은 오직 정淨뿐이니 범행에 순하는 것이다.
그런 까닭으로 자체가 공함을 분석하였거니 어찌 범행이 있겠는가.

---

78 찾아서 사유하여 관찰하는(尋思觀) 것이란, 사심사관四尋思觀이니 사여실관四
如實觀과 대비되는 관법이다. 사심사관四尋思觀은 유식종唯識宗의 사가행위四
加行位에서 닦는 관법觀法이니, 유식삼성唯識三性에 대하여 명명名名, 의의義, 자성自
性, 차별差別의 사법四法에 가유실무假有實無라 관찰觀察하지만 지혜가 없어
심구사찰尋求思察함을 말하는 것이다. 사여실관四如實觀은 이 사법四法도 내
식內識을 떠나서는 진실眞實이 없다고 관찰하는 것이다.

79 원문에 염시染是라 한 염染 자와 시是 자 사이에 소본에는 위어범행違於梵行이라
는 네 글자가 있다고 『잡화기』는 말한다.

열 가지 가운데 각각 먼저는 관찰할 경계를 한꺼번에 첩석한 것이요
뒤에는 열 가지 일로써 그 아닌 것을 물어 나타낸 것이다.

지금은 처음으로 몸에 열 가지 뜻을 갖춘[80] 가운데 처음에 선하지
않다고 한 것은 몸은 선하지 아니함에 통하기에 자체가 진리에
순하지 않거니와 범행은 자성이 선하기에 자체가 능히 진리에 순하
는 것이다.

두 가지 법이 이미 다르다면 분명 몸은 범행이 아닐 것이니 범행이
어찌 있겠는가.

다른 것은 다 이것을 본받을 것이다.

마땅히 알아야 합니다. 범행이라고 한 말은 모든 구절에 관통하는
것이다.

두 번째[81]는 몸은 무기無記이기에 가히 법답지 않는 것이요

세 번째는 음식으로 도와서 이루는 것이요

네 번째는 자기의 모습이 냄새가 악한 것이요

다섯 번째는 자성이 청정하지 않는 것이요

여섯 번째는 종자와 머무는 처소 등이 다 가히 싫어할 만한 것이요

일곱 번째는 사사四蛇[82]가 어기어 반대하는 것이요

여덟 번째는 업혹이 의지할 바인 까닭이요

---

80 원문에 身具라고 한 것은 십중각구십의十中各具十義라 한 그 가운데 신구身具
  이다.

81 원문에 二란, 즉 제 두 번째 비법非法이다.

82 사사四蛇란, 사대四大이다.

아홉 번째는 이 몸은 알 수 없으며 또 반드시 죽기에 구경에 청정하지 못한 까닭이요

열 번째는 팔만 집에 벌레가 집집마다 구억이 있나니 온전히 벌레의 무더기로써 그 몸을 이루는 까닭이다.

鈔

身通不善者는 五陰成身호대 行陰廣攝이라 言體非順理者는 順理生心이 名爲善故라 二에 體是無記者는 色是報色일새 故爲無記라 四에 自相臭惡者는 此中에 示五不淨이니 卽智論云호대 行者依淨戒住하야 一心行精進하야 觀五種不淨相이니 一은 種子不淨이니 謂攬父母精血과 業因識種하야 以成身分故요 二는 住處不淨이니 於母胎中에 生藏之下와 熟藏之上故요 三은 自體不淨이니 謂三十六物로 以成身故요 四는 自相不淨이며 亦名外相不淨이니 謂九孔常流하야 眼出眵淚하며 耳出結矃하며 鼻中流涕하며 口出涎唾하며 大小便道엔 常出不淨이요 五는 究竟不淨이니 氣絶已後에 膖脹臭爛하야 甚成可惡라하니 今疏已闇配하니라 六에 種子住處等者는 然五不淨은 皆悉可厭이나 以上配自性自相하고 下配究竟일새 故牒此二하야 等取餘三하니라 言皆可厭者는 智論에 五皆有偈하야 結之하니 一에 種子偈云호대 是身種不淨일새 非餘妙寶物이니 不由白淨生하고 但從穢道出이라하니라 二에 住處偈云호대 是身爲臭穢일새 不從華間生이며 亦不從瞻蔔이며 又不出寶山이라하니라 三에 自性偈云호대 地水火風質이 能變成不淨이니 傾海洗此身이라도 不能令香潔이라하니라 四에 外相

偈云호대 種種不淨物이 充滿於身中하야 常流出不止호미 如漏囊盛
物이라하니라 五에 究竟偈云호대 審諦觀此身하면 必歸於死處리니 難
御無反復하야 背恩如小兒라하고 結云호대 行人修此觀하야 成破淨
倒想이라하니 故知五種은 皆可厭也니라

몸은 선하지 아니함에 통한다고 한 것은 오음이 몸을 이루되 행음이
널리 섭수하는 것이다.[83]

자체가 진리에 순하지 않는다고 말한 것은 진리에 순하여 마음을
내는 것이 이름이 선함이 되는 까닭이다.

두 번째 몸은 무기라고 한 것은 색신은 이 과보의 색신[84]이기에
그런 까닭으로 무기가 되는 것이다.

네 번째 자기의 모습이 냄새가 악하다고 한 것은 이 가운데 다섯
가지 청정하지 못한 것을 보인 것이니,

곧 『지도론』에 말하기를 수행하는 사람이 청정한 계를 의지하여
머물러 일심으로 정진을 행하여 다섯 가지 청정하지 못한 모습을
관찰하나니,

첫 번째는 종자가 청정하지 못한 것이니,

말하자면 부모의 정액과 피와 업의 원인과 식의 종자를 잡아 신분身分

---

83 원문에 행음광섭行陰廣攝은 백법百法 가운데 칠십삼법七十三法이 다 행음行陰
에 섭수되고, 칠십삼법七十三法 가운데 다분히 불선법不善法이 있다. 『잡화
기』도 이와 같이 말하고 있다.

84 원문에 색시보색色是報色이란, 색신色身은 이 과보果報의 색신色身이지만 그러
나 과보果報에 무기無記가 있는 까닭이다.

을 이루는 까닭이요
두 번째는 머무는 처소가 청정하지 못한 것이니,
어머니 태중에 생장生藏의 아래와 숙장熟藏[85]의 위인 까닭이요
세 번째는 자체가 청정하지 못한 것이니,
말하자면 삼십육물三十六物[86]로써 몸을 이루는 까닭이요
네 번째는 자기의 모습이 청정하지 못한 것이며 또한 이름이 외상外相이 청정하지 못한 것이니,
말하자면 아홉 구멍이 항상 흘러 눈에는 눈곱[87]과 눈물이 나오며 귀에는 귀밥과 귀때[88]가 나오며 코 가운데는 콧물이 흘러나오며 입에는 가래[89]와 침이 나오며 대소변의 길에는 항상 부정한 것이 나오는 것이요
다섯 번째는 구경에 청정하지 못한 것이니,
기절한 이후에 배가 불러 오르고 냄새[90]가 나고 문드러져 심히 가히 악함을 이룬다 하였으니
지금 소문에서 이미 그윽이 배속하였다.

여섯 번째 종자와 머무는 처소라고 한 등은 그러나 다섯 가지 청정하

85 생장生藏, 숙장熟藏은 우리 몸의 구성물체 32종 가운데 하나이다.
86 삼십육물三十六物은 『불교사전』 참조. 운허사전은 p.410이다.
87 眵는 '눈곱 치' 자이다.
88 聹은 이구耳垢이니 귀의 때이다.
89 涎은 '가래 연' 자이다.
90 臰는 취臭 자이다.

지 못한 것은 다 가히 싫어할 것이지만, 위에서 자성과 자기의
모습(自相)[91]을 배속하고 아래서 구경을 배속하였기에 그런 까닭으
로 이 두 가지[92]만 첩석하여 나머지 세 가지를 등취한 것이다.
다 가히 싫어할 만한 것이라고 말한 것은 『지도론』에 다섯 가지에
다 게송이 있어 그것을 맺었으니,
첫 번째 종자 게송에 말하기를
이 몸은 종자가 청정하지 못하기에
나머지 묘한 보물이 아니니
백정白淨을 인유하여 출생하지 않고
다만 더러운 길을 좇아 출생한다 하였다.

두 번째 머무는 처소의 게송에 말하기를
이 몸은 냄새나고 더러운 것이기에
연꽃 사이로 좇아 출생한 것이 아니며
또한 담복화로 좇아 출생한 것도 아니며
또 보배 산으로 좇아 출생한 것도 아니다 하였다.

세 번째 자성의 게송에 말하기를
지수화풍의 본질이
능히 변하여 청정하지 못함을 이루나니,

---

91 여기 종자 등은 제육第六이니, 제사第四에 자상自相과 제오第五에 자성自性이니
　　上이라 한다.
92 원문에 此二는 종자種子와 주처住處이다.

바다를 기울게 하여 이 몸을 씻는다 할지라도
능히 향으로 하여금 청결케 할 수 없다 하였다.

네 번째 외상의 게송에 말하기를
가지가지 청정하지 못한 물건이
몸 가운데 충만하여
항상 유출하여 그치지 않는 것이
마치 흐르는 주머니에 물건을 담는 것과 같다 하였다.

다섯 번째 구경의 게송에 말하기를
이 몸을 자세히 관찰한다면
반드시 죽는 곳에 돌아갈 것이니
막아서 반복하지 않기가 어려워[93]
은혜를 등진 것이 어린아이와 같다 하고,
맺어 말하기를 수행하는 사람이 이 관법을 닦아 이룬다면 청정하
는 전도된 생각[94]을 깨뜨릴 것이다 하였으니,
그런 까닭으로 다섯 가지가 청정하지 못한 것은 다 가히 싫어할
것임을 알아야 한다.

---

93 원문에 난어무반복難御無反復이라고 한 것은 죽을 때에 능히 막아 하여금
  죽지 않게 할 수 없고, 이미 죽은 뒤에는 다시 반복하여 회생할 수 없고,
  평생 양육한 은혜를 등진 것이 마치 어린아이와 같다는 것이다.
94 원문에 정도상淨倒想이란, 육체가 청정하다는 잘못된 생각이다.

十에 八萬戶蟲者는 諸經多說하고 下十藏品에도 自有明文이라 觀佛
三昧海經의 觀相品云호대 云何菩薩降魔時에 白毫相光고 乃至云호
대 魔有三女하야 至菩薩所하야 白菩薩言호대 我是天女니다 盛美無
比하니 今以微身으로 奉上太子하야 供給左右코자 可備掃灑하니다
太子寂然하야 身心不動하고 以白毫擬之하야 令三天女로 自見身內
에 膿囊涕唾와 九孔筋脈과 一切根本과 大腸小腸과 生藏熟藏이 於
其中間에 迴伏宛轉하야 踊生諸蟲호대 其數滿足하야 有八萬戶하고
戶有九億하며 諸小蟲等이 遊戲之時에 走入小腸호대 皆有四口하야
張口向上하며 大蟲遊戲에 入大腸中하고 從腸中出하야 復入胃中하
며 復生四蟲호대 如四蛇合하야 上下同時에 唼食諸藏에 滓盡汁出하
야 入眼爲淚하고 入鼻爲涕하고 聚口成唾하고 放口成涎하며 薄皮厚
皮와 筋髓諸脈에 悉生諸蟲호대 細於秋毫한 衆數甚多하야 不可具說
거늘 其女見此하고 卽便嘔吐에 從口而出이 無有窮盡이라하니라 全以
蟲成者는 卽大婆沙中說호대 人身內並是蟲聚니 蟲頭在內하야 食人
所食하고 蟲尾在外하야 辯作人皮故라하니라

열 번째 팔만 집에 벌레라고 한 것은 모든 경전에 많이 설하였고,
아래 십장품에도 스스로 밝힌 문장이 있다.
『관불삼매해경』 관상품에 말하기를 어떤 것이 보살이 마군을 항복받
을 때에 백호상의 광명인가.
내지 말하기를 마군에게 세 딸이 있어[95] 보살의 처소에 이르러 보살에

---

[95] 원문에 마유삼녀魔有三女란, 마왕 파순이 부처님을 해害하려고 삼녀三女를

게 여쭈어 말하기를 저는 천녀입니다. 한창 아름다움이 비교할 데 없나니, 지금에 이 미묘한 몸으로 태자에게 받들어 올려 좌우로 공급하려 가히 깨끗이 단장함을 갖추었습니다.

태자가 고요히 앉아 몸과 마음을 움직이지 않고 백호 광명으로 그 마음을 헤아려, 세 천녀로 하여금 스스로 몸 안에 고름 주머니와 콧물과 침과 아홉 구멍과 근육과 혈맥[96]과 일체 근본과 대장과 소장과 생장과 숙장이 그 중간에 돌아 숨고 완전히 회전하여 모든 벌레가 뛰어나오되 그 수효가 만족하여 팔만 집이 있고 집집마다 구억이 있으며,

모든 작은 벌레 등이 노닐 때에 소장에 달려 들어가되 다 네 개의 입이 있어 입을 벌려 위로 향하며

큰 벌레가 노닐 때에 대장 가운데 들어가고 대장 가운데로 좇아 나와 다시 위장 가운데 들어가며

다시 네 마리 벌레가 나오되 마치 네 마리 뱀이 엉킨 것과 같아서 상하로 동시에 모든 창자를 쪼아 먹음[97]에 찌꺼기가 다하여 액이 나와 눈에 들어가면 눈물이 되고 코에 들어가면 콧물이 되고 입에 모이면 침을 이루고 입에 놓아두면 가래를 이루며

얇은 가죽과 두터운 가죽과 근육과 골수와 모든 혈맥에 다 모든 벌레가 나오되 가을 티끌보다 작은 수많은 수가 매우 많아 가히 갖추어 설할 수 없음을 보게 하거늘, 그 천녀가 이것을 보고 곧

보낸 것이다.

96 脉은 脈 자와 같다.

97 唼은 '쪼아 먹을 삽' 자이다.

문득 구토함에 입으로 좇아 나온 벌레가 끝이 없었다 하였다.

온전히 벌레의 무더기로써 그 몸을 이룬다고 한 것은 곧『대비바사
론』가운데 말하기를 사람의 몸 안이 모두 이 벌레의 무더기이니,
벌레의 머리는 안에 있어서 사람이 먹을 바를 먹고 벌레의 꼬리는
밖에 있어서 사람의 가죽을 뚫아 짓는[98] 까닭이다 하였다.

疏

今此梵行은 體是可軌며 性能澄淨하며 芬馨淸潔하며 賢聖所欣이
며 順法順敎며 體無雜染하며 與智相應하며 衆善集成거니 彼豈當
是리오 於十事求하야도 梵行叵得이니 當知梵行은 離相離性이라
下九準之니라

지금에 이 법행은 자체가 가히 법다우며
자성이 능히 맑고 청정하며
향내가 나며 청결하며
현인과 성인이 좋아하는 바이며
법을 따르고 가르침을 따르며
몸이 섞이어 더러운 것이 없으며
지혜로 더불어 상응하며
수많은 선행이 모여 이루어지거니, 저가 어찌 이것을 감당하겠는가.

---

98 원문에 변작辮作은 형성하고 있다는 뜻이다. 辮은 '땋을 변' 자이다.

십사十事에 범행을 구하여도 범행을 얻을 수 없나니, 마땅히 알아라.
범행은 상도 떠나고 성도 떠난 것이다.
아래에 아홉 가지 법은 이것을 기준하면 알 수가 있을 것이다.

鈔

今此梵行等者는 總明上身十事가 非梵行義거니와 一一別配하면 體
是可軌는 對上非法이요 澄淨은 對上渾濁이라 餘文可知니라

지금에 이 범행이라고 한 등은 위에 몸의 십사가 범행이 아니라는
뜻을 한꺼번에 밝힌 것이어니와, 낱낱이 따로 배속한다면 자체가
가히 법답다고 한 것은 위에 법답지 않은 것이 된다고 한 것을
상대한 것이요
맑고 청정하다고 한 것은 위에 혼탁하다고 한 것을 상대한 것이다.
나머지 문장은 가히 알 수가 있을 것이다.

經

若身業是梵行者인댄 梵行則是行住坐臥며 左右顧視며 屈伸俯
仰이리라

만약 몸의 업이 이 범행이라고 한다면 범행이 곧 가는 것이며
머무는 것이며
앉는 것이며 눕는 것이며
좌로 돌아보는 것이며 우로 돌아보는 것이며
허리를 굽히는 것이며 펴는 것이며
고개를 숙이는 것이며 우러러보는 것일 것입니다.

疏

二에 身業者는 身之作用을 名爲身業이니 語意亦然하니라 十中에
四儀無記요 餘六通善惡일새 故非梵行이라

두 번째 몸의 업이라고 한 것은 몸의 작용을 이름하여 몸의 업이라
하는 것이니,
어업과 의업도 또한 그렇다
열 가지 가운데 사의四儀[99]는 무기無記이고, 나머지 여섯 가지는
선과 악에 통하기에 그런 까닭으로 범행이 아니다.

---

99 사의四儀는 행行·주住·좌坐·와臥이다.

鈔

身之作用下는 俱舍業品頌云호대 世別由業生하며 思及思所作이니
思卽是意業이요 所作謂身語이라하니라 廣如九地說하니라

몸의 작용이라고 한 아래는 『구사론』[100] 업품 게송에 말하기를
세상의 차별이 업을 인유하여 생기하며[101]
생각과 그리고 생각으로 짓는 바이니
생각은 곧 의업이요
짓는 바는 신업을 말하는 것이다 하였다.
폭넓게 설한 것은 제구지[102]에 설한 것과 같다.

---

100 『구사론』 운운은 저 『구사론』 장행문에 먼저 어떤 사람이 물어 말하기를
　　유정세간과 그리고 기세간이 각각 차별하나니, 이와 같이 차별한 것이 무엇을
　　인유하여 생기하는가 하기에 그런 까닭으로 여기 게송으로 답한 것이니,
　　그 해석은 야자권夜字卷 상권 31장, 하를 볼 것이다. 역시 『잡화기』의 말이다.
101 원문에 세별유업생世別由業生이란, 이 앞(此前)에 물어 말하기를 유정세간有情
　　世間과 기세간器世間의 차별한 것이 어떠한가 하기에 게송으로 답하였다.
　　말하자면 잡염의 업을 인유하여 내신內身의 구공九孔을 감득하는 것이 운운
　　하고, 차소유업此所由業은 그 자체가 어떠한가. 사급사소작思及思所作 운운하
　　였다.
102 제구지는 야자권夜字卷 상권 31장, 하下이다.

經

若語是梵行者인댄 梵行則是音聲風息이며 脣舌喉吻이며 吐納
抑縱이며 高低淸濁이리라

만약 말이 이 범행이라고 한다면 범행이 곧 음성이며 바람 숨이며
가슴[103]이며 혀며
목구멍이며 입술이며
뱉고 삼키는 것이며
잡고 놓는 것이며
높고 낮은 것이며
맑고 탁한 것일 것입니다.

疏

三은 語具十事라 初一은 語體요 次五는 語緣이니 謂風觸七處하야
而出於聲하나니 此略無臍輪牙齒라 後에 吐納等四는 是辨語相이
라 十事望業인댄 皆是語體니 此唯無記일새 故非梵行이라

세 번째는 말에 열 가지 일을 갖춘 것이다.
처음에 한 가지는 말의 자체요

---

103 경문의 순脣 자는 마땅히 흉胸 자로 고치는 것이 옳다. 아래 吻(입술 문)
자는 이 입술(脣 입술 순) 가(주변)를 말하는 까닭이다. 역시 『잡화기』의
말이나 차본此本에는 이미 흉 자로 교정되어 있다.

다음에 다섯 가지는 말의 인연이니,

말하자면 바람이 일곱 곳에 닿여 소리를 내나니 여기에는 단전[104]과 어금니는 생략되어 없다.

뒤에 뱉고 삼킨다고 한 등 네 가지는 말의 모습을 분별한 것이다.

이 열 가지 일이 업을 바라본다면 다 말의 자체이니,

이것은 오직 무기無記뿐이기에 그런 까닭으로 범행이 아니다.

謂風觸七處者는 卽智論第七云호대 如人欲語時에 口中有風을 名優陀那라 還入至臍하면 卽有響出하니 響出之時에 觸七處過를 名生語言이라 如有偈說호대 風名優陀那라 觸臍而上去호대 是風七處觸하니 項及齗齒脣과 舌咽及以胸이라 是中言語生거늘 愚人不解此하야 惑著起嗔癡라하니라 然楞伽第二第三에 皆有其文하니 第二云호대 佛告大慧하사대 項胸喉鼻와 脣舌齗齒가 和合出聲이라하니라 釋曰此有八處하니 加鼻一種이라 鼻塞하면 語雖小擁이나 而亦得語일새 故論略無니라 第三中說은 但有七事하니 經言호대 云何語고 謂言字가 妄想和合이니 語依咽喉脣과 舌齒齗頰輔하며 因彼我言說과 妄想習氣일새 是名爲語라하니라 釋曰於前八中에 略無頭胸鼻하고 而加頰輔니라 言字妄想者는 顯言空故라 次經卽云호대 大慧야 云何爲離一切妄想言說相고 大慧야 菩薩이 於如是義에 獨一靜處하야 聞思修慧로 緣自覺了하야 向涅槃城하야 習氣身轉變已에 自覺境界하야 觀

地地中間에 勝進義相이 是名菩薩摩訶薩善義라하나라 釋曰此卽下
에 觀破意니라

말하자면 바람이 일곱 곳에 닿는다고 한 것은 곧『지도론』제칠권에
말하기를 어떤 사람이 말을 하고자 할 때에 입 가운데 바람이 있는
것을 우타나라 이름한다.
이 바람이 도리어 들어가 단전에 있으면 곧 울리는 소리가 남이
있나니,
울리는 소리가 날 때에 일곱 곳에 닿여 지나는 것을 말소리를 낸다고
이름하는 것이다.
저 『지도론』에 게송을 두어 말하기를
바람을 우타나라 이름한다.
단전에 닿아 위로 올라가되
이 바람이 일곱 곳에 닿나니,
목[105]과 그리고 잇몸[106]과 이와 입술과

혀와 목구멍과 그리고 가슴이다.
이 가운데 말소리가 나거늘
어리석은 사람은 이것을 알지 못하여

---

[105] 項은 頭 자인 듯. 아래 석문釋文에는 두頭 자이다. 아니면 아래 두頭 자를
    항項 자로 고칠 것이다.
[106] 齗은 '잇몸 은' 자이다. 차하此下『능가경楞伽經』엔 頭 자이다. 咽 자가 곧
    項(목구멍)의 뜻이다.

미혹하고 집착하여 성냄과 어리석음을 일으킨다 하였다.

그러나 『능가경』 제이권과 제삼권에 다 그 문장이 있나니,

제이권에 말하기를 부처님이 대혜보살에게 이르기를 머리[107]와 가슴
과 목구멍과 코와 입술과 혀와 잇몸과 이가 화합하여 소리를 낸다
하였다.

해석하여 말하면 여기에는 여덟 곳이 있나니 코의 한 가지를 더하
였다.

코가 막히면 말이 비록 조금 옹색하지만 그러나 또한 말을 얻기에
그런 까닭으로 『지도론』에는 생략하고 없다.

제삼권 가운데 설한 것은 다만 일곱 가지 일[108]만 있나니,

경에 말하기를 어떤 것이 말인가. 말하자면 말이라는 글자는 망상으
로 화합한 것이니, 말이 목과 목구멍과 입술과 혀와 이와 잇몸과
두 볼[109]을 의지하며 저와 나의 말과 망상과 습기[110]를 원인하기에

---

107 두頭 자는 곧 『지도론』 가운데 항項 자로 더불어 같다. 역시 『잡화기』의
말이다.

108 원문에 七事란, 上 팔사八事에 정頭·흉胸·비鼻의 셋을 제외하고 협頰·보輔의
둘을 더하니 칠사七事이다.

109 협보頰輔라고 한 보輔는 십신상해품에 말하기를 볼 가운데 뼈라 하니 볼(頰)과
광대뼈(輔)와 눈(目)이 세 곳이 되는 것이다. 그러나 저 칠권 『능가경』 가운데
는 다만 여섯 가지만 열거하여 광대뼈(輔)가 없고, 십권 『능가경』 가운데는
코(鼻)를 더하여 일곱 가지를 이루고 있나니, 가히 특정하게 기준할 수는
없다 하겠다. 역시 『잡화기』의 말이다.

110 말과 망상과 습기라고 한 것은 대개 과거 언설의 종자이니, 말하자면 언어가
목구멍 등과 그리고 언설의 종자와 흡사하여 생기함을 얻는 것이다. 역시

이 이름을 말이라 한다 하였다.

해석하여 말하면 여기에서는 앞의 여덟 곳 가운데 머리[111]와 가슴과
코를 생략하여 없애고 두 볼을 더하였다.

말이라는 글자는 망상으로 화합한 것이라고 한 것은 말이 공함을
나타낸 까닭이다.

다음 『능가경』에 곧 말하기를 대혜야, 어떤 것이 일체 망상과 언설의
모습을 떠난 것이 되는가.

대혜야, 보살이 이와 같은 뜻에 홀로 한결같이 고요히 거처하여
문·사·수 삼혜로 스스로 깨달아 요달함을 인연하여[112] 열반성에
향하여 습기의 몸이[113] 전전히 변하여 마침에 스스로 경계를 깨달아
지위 지위의 중간에 승진의 뜻 모습을 관찰하는 것이 이 이름이
보살마하살의 좋은 뜻이다 하였다.

해석하여 말하면 이것은 곧 아래에 관찰하여 깨뜨리는[114] 뜻이다.

『잡화기』의 말이다.

[111] 頭 자는 위에서는 項 자였다.

[112] 스스로 깨달아 요달함을 인연한다고 한 것은 말하자면 망상의 인연을 자각하
는 것이라고 『잡화기』는 말하나, 緣 자의 모습이 여의치 않으니 생각해
볼 것이다. 나의 번역이 확연하다.

[113] 습기의 몸이 운운한 것은 저 『능가경』에는 습기의 원인을 전전히 변현한다고
말하였다. 원문의 자각自覺이라고 한 것은 저 『능가경』에는 자지自智라고
말하였다. 역시 『잡화기』의 말이다.

[114] 아래에 관찰하여 깨뜨린다고 한 것은 아래 여실관을 가리키는 것이라고
『잡화기』는 말한다. 여실관은 사여실관이니 사심사관이라고도 한다. 바로
아래 제오第五 관의觀意 부분이다.

經

若語業是梵行者인댄 梵行則是起居問訊이며 略說廣說이며 諭
說直說이며 讚說毀說이며 安立說이며 隨俗說이며 顯了說이리라

만약 말의 업이 이 범행이라고 한다면 범행이 곧 기거를 묻는
것이며
간략하게 말하는 것이며
폭넓게 말하는 것이며
비유로 말하는 것이며
바로 말하는 것이며
찬탄하여 말하는 것이며
헐뜯어 말하는 것이며
안립하여 말하는 것이며
세속을 따라 말하는 것이며
현요[115]하게 말하는 것일 것입니다.

疏

四는 語業十事니 通善惡故로 亦非梵行이라 安立說者는 謂假施
設이요 隨俗說者는 隨世名言이라 餘可思準이니라

___

115 원문에 현요顯了는 명료明了이다.

네 번째는 어업에 열 가지 일이니,

선과 악에 통하는 까닭으로 또한 범행이 아니다.

안립하여 말한다고 한 것은 말하자면 거짓으로 시설하는 것이요

세속을 따라 말한다고 한 것은 세상의 이름과 말을 따르는 것이다.

나머지는 가히 생각하여 기준할 것이다.

經

若意是梵行者인댄 梵行則應是覺이며 是觀이며 是分別이며 是
種種分別이며 是憶念이며 是種種憶念이며 是思惟며 是種種思
惟며 是幻術이며 是眠夢이리라

만약 뜻이 이 범행이라고 한다면 범행이 곧 응당 깨닫는 것이며
관찰하는 것이며
분별하는 것이며
가지가지 분별하는 것이며
기억하여 생각하는 것이며
가지가지 기억하여 생각하는 것이며
사유하는 것이며
가지가지 사유하는 것이며
환술이며
잠 꿈일 것입니다.

疏

第五는 觀意十事라 覺是尋求요 觀是伺察이니 覺麤觀細니 是不
定法이라

제 다섯 번째는 뜻을 관찰하는 열 가지 일이다.
깨닫는다고 한 것은 찾아 구하는 것이요

관찰한다고 한 것은 찾아 살피는 것이니,
깨닫는다고 한 것은 추전麤轉이요 관찰한다고 한 것은 세전細轉이니
이것은 부정지법不定地法[116]이다.

鈔

第五에 觀意者는 然此意具는 卽是意根이니 有說호대 卽第七識은
唯緣內門일새 不得有夢等이어니와 若金光明經인댄 意根이 分別一
切諸法이라하니 卽許外緣이라 故로 海東曉公도 立外緣義하니라 又密
嚴經云호대 如蛇有二頭하야 各別爲其業故라하며 或云第六識은 無
間滅意라하니 今正當此니라 隨轉理門은 就他宗說이라 覺是尋求요
觀是伺察者는 舊名覺觀이라하고 新譯爲尋伺라하니 用俱舍等의 釋
尋伺言하야 以解覺觀하니라 唯識云호대 尋謂尋求니 令心忽遽하야
於意言境에 麤轉爲性이요 伺謂伺察이니 令心忽遽하야 於意言境에
細轉爲性이라하니 皆以思慧로 而爲其性이라 唯識論云호대 並用思
慧一分으로 爲體하니 於意言境에 不深推度과 及深推度이 義類別故
니라 若離思慧인댄 尋伺二種의 體類差別을 不可得故니 此二는 俱以
安不安住하는 身心分位가 所依爲業이라하니라 彼疏釋云호대 身心
若安인댄 尋伺二種이 徐緩爲業이요 身心不安인댄 忽遽爲業이라하며
又云호대 或思名安이니 徐而細故며 思量性故요 慧名不安이니 急而

---

116 부정지법不定地法이란, 심소육품心所六品의 하나(一)이다. 심尋·사伺·수면睡
眠·악작惡作(悔)·탐貪·진瞋·만慢·의疑가 여기에 해당한다. 선善·악惡·무기
無記 삼성三性을 결정할 수 없기에 부정법不定法이라 한다.

麤故며 揀擇性故니라 身心前後에 有安不安이 皆依尋伺일새 故名所
依라하니라 是不定法者는 出總體相이니 唯識論云호대 不定謂悔眠
과 尋伺二各二라하니라 釋相은 如前하니라

제 다섯 번째 뜻을 관찰하는 열 가지 일이라고 한 것은 그러나
이 뜻에[117] 열 가지 일을 갖춘 것은 곧 의근意根이니,
어떤 사람이 말하기를 곧 제칠식은 오직 내문內門만을 반연하기에
꿈 등이 있다고 함을 얻을 수 없거니와 만약 『금광명경』이라면
의근이 일체 모든 법을 분별한다 하였으니,
곧 외연外緣을 허락한 것이다.
그런 까닭으로 해동에 원효대사도 외연의 뜻을 세웠다.[118]
또 『밀엄경』에 말하기를 마치 뱀이 두 머리가 있는 것과 같아서[119]

---

117 그러나 이 뜻에 운운은 경에 의意 자를 제칠식으로써 자체를 설출한 것이다.
어떤 사람이 말하기를 운운한 것은 이 가운데 열 가지 일이 다 외문外門을
반연하는 뜻이 있는 까닭으로 저 상가相家(법상종)의 학자가 서로 제칠식이
아니라 하기에, 초문에 『금광명경』 등을 인용하여 제칠식이 다만 내문內門을
반연할 뿐만 아니라 또한 외문外門을 반연하는 뜻도 있거니 곧 하필 꿈
등이 있다는 것으로써 제칠식이 아니라고 말하는가 하였다. 역시 『잡화기』의
말이다.

118 원문에 효공입외연曉公立外緣이란, 원효元曉의 『기신론별기起信論別記』에
제칠식第七識이 외연外緣을 한다고 하였다.

119 뱀이 두 머리가 있는 것과 같다고 한 것은 제칠식에 안으로 반연하고 밖으로
반연하는 두 업이 있음에 비유한 것이다. 바로 아래 혹은 말하였다는 것으로
그 아래 여기에 해당한다고 함에 이르기까지는 이설異說을 서술한 것이고,
그 아래 근기를 따라 전하는 진리의 문이라고 한 아래는 이 초가의 결정한

각각 그 업이 되는 것이 다른 까닭이다 하였으며

혹은 말하기를 곧 제육식은 간단함이 없이 사라지는(無間滅)[120] 의근

意根이다 하였으니,

지금에는 바로 여기에 해당한다.

근기를 따라 유전하는 진리문(隨轉理門)[121]은 다른 종宗[122]에 나아가

말이다.

제육식은 간단함이 없이 사라지는 의근이라고 말한 것은 그 뜻에 말하기를 이 가운데 의意 자는 제육식은 간단없이 사라진다는 그 의근意根이니 곧 분명 이것은 제육식이다. 첫 번째 제육식이 과거에 있어서는 이름이 의意가 되고 현재에 있어서는 이름이 식識이 되고 미래에 있어서는 이름이 심心이 되나니 삼세에 통하는 까닭으로 간단함이 없다고 말하는 것이요, 지금에는 이미 의식을 가리킨 까닭으로 사라지는 의근이라 말한 것이니 이미 과거에 있어서 분별이 없는 까닭이다. 그러나 이것은 이 소승 가운데 학설인 까닭으로 초가가 결단하여 말하기를 이것은 다른 종에 나아가 설한 것이라 한 것이다. 이상은 『잡화기』의 말이다.

120 원문에 혹운제육식무간멸或云第六識無間滅이란, 『구사론俱舍論』 제이권에 말하기를 의식意識은 오직 간단함이 없이 사라지는 의근意根만 의지하고 안眼 등 오식五識은 따로 나머지 오근五根을 의지하여 모두 의식意識의 의근意根을 의지한다 하였으니, 소승小乘의 의근意根은 제육식第六識이 과거過去에 있는 것을 의근意根이라 이름하고, 간단함이 없이 사라진다고 말한 것은 과거過去에 의식意識이 사라진 것이 현재現在의 의식意識으로 더불어 간격(간단)이 없는 것이니 등무간等無間의 뜻과 같다.

121 근기를 따라 유전하는 진리문(隨轉理門)이라고 한 것은 『성유식론』 제오권에 간략하게 여섯 가지 뜻을 기술하여 제칠식이 있음을 증거하고, 다음에 다른 경에 오직 육식만 있다는 말을 회통하였다. 『유식론』에 말하기를 그러나 어떤 경 가운데 육식을 말한 것은 응당 저것이 근기를 따라 전하는 진리의

설한 것이다.[123]

깨닫는다고 한 것은 찾아 구하는 것이요, 관찰한다고 한 것은 찾아
살피는 것이라고 한 것은 구역에서는 이름을 깨달아 관찰(覺觀)하는
것이다 하였고, 신역에서는 이름을 찾아 살피(尋伺)는 것이다 하였
으니,
소문에서는 『구사론』 등[124]에서 찾아 살핀(尋伺)다고 해석한 말을

문인 줄 알아야 할 것이다 하였으니, 『유식론』주註에 말하기를 어떤 사람이
경을 의지하여 오직 육식을 집기심執起心이라고만 말한 것은 응당 저것이
이 세간을 따라 유전하는 것인 줄 알아야 할 것이니 오직 육근뿐인 까닭으로
그 육근을 의지하여 오직 육식만 설하는 것이다 하였으니, 지금에 초가의
뜻은 저 근기를 따라 유전하는 진리의 문을 인용한 까닭으로 제육식으로써
의근을 삼은 것이다. 역시 『잡화기』의 말이다.
원문에 수전리문隨轉理門은 진실이문眞實理門과 상대로서 수전문隨轉門이라
고도 하나니, 근기를 따라 시기에 따라 설설(轉)한 법문法門이다. 『유식론唯識
論』 제오권에 말하기를 육식六識이 있는 까닭으로 제칠식第七識이 있음을
증거하고, 그 다음에 말하기를 그러나 어떤 경에 유식唯識을 육식六識이라고
한 것은 응당 근기를 따라 전하는 진리문이라 하고, 주석을 하여 말하기를
세간世間을 따라 유전流轉하는 것이 오직 육근六根뿐인 까닭으로 육근六根을
따라 육식六識을 설설한다 하였으니, 곧 위에 유식의 말이 소승타종他宗의
뜻으로서 근기를 따라 전하는 진리문이라 하여 허락하기에 그런 까닭으로
혹운즉육식或云卽六識이라고 한 말이 소승 타종他宗에 나아가 설설한 것이다.
122 다른 종(他宗)이란, 유식唯識 외 다른 종(他宗)이니 소승小乘이다.
123 또 다른 해석에 혹은 말하자면 곧 제육식의 무간멸의 의근意根이 지금에
바로 여기에 해당한다 하였으니, 수전이문隨轉理門은 다른 종에 나아가 설한
것이다.

인용하여 깨닫는다고 한 것과 관찰한다고 한 것을 해석하였다.
『유식론』[125]에 말하기를 찾는다고 한 것은 말하자면 찾아 구하는
것이니,
마음으로 하여금 바쁘게 하여[126] 뜻과 말의 경계에 추전麤轉하는
것으로 자성을 삼는 것이요
살핀다고 한 것은 말하자면 찾아 살피는 것이니,
마음으로 하여금 바쁘게 하여 뜻과 말의 경계[127]에 세전細轉하는
것으로 자성을 삼는 것이다 하였으니
다 사랑하는 것과 지혜(思慧)로써 그 자성을 삼는 것이다.
『유식론』[128]에 말하기를 사랑하는 것과 지혜의 일분을 아울러 씀으로
자체를 삼나니,
뜻과 말의 경계에 깊이 추탁하지 않는 것과 그리고 깊이 추탁하는
것이 뜻의 종류가 다른 까닭이다.

---

124 『구사론』등이란, 『유식론』을 등취하는 것이니, 그런 까닭으로 다음에 『유식
론』을 인용한 것이다. 『잡화기』의 말이다.
125 『유식론唯識論』은 제칠권이다. 『구사론俱舍論』 제사권엔 심지추성心之麤性이
명심名尋이요, 심지세성心之細性이 명사名伺라 하였다.
126 원문에 총거怱遽는 바쁘다는 뜻이다.
127 뜻과 말의 경계라고 한 것은 『유식론』 주에 말하기를 뜻(마음·의식)의 취할
바 경계가 다분히 명언名言인 까닭이요, 추전이라고 한 것은 밖의 경계에
산행散行하여 저 법에 얕게 추구하는 것이요, 아래 세전이라고 한 것은
밖의 경계에 약행略行하여 저 법에 깊게 추구하는 것이다 하였다. 역시
『잡화기』의 말이다.
128 『유식론唯識論』은 제칠권이다.

만약 사랑하는 것과 지혜를 떠난다면 찾아 구하고 찾아 살피는
두 가지의 자체 종류가 차별함을 가히 얻을 수 없는 까닭이니,
이 두 가지는 함께 편안히 머물고 편안히 머물지 못하는[129] 몸과
마음의 분위分位가 의지할 바로써 업을 삼는다 하였다.

저 『유식론』 소문에 해석하여 말하기를 몸과 마음이 만약 편안하다
면 찾아 구하고 찾아 살피는 두 가지가 더딤으로 업을 삼고[130]
몸과 마음이 편안하지 못하다면 바쁨으로 업을 삼는다 하였으며
또 말하기를 혹은[131] 사랑하는 것이 이름이 편안한 것이니

더디고 세전하는 까닭이며 자성을 사랑하는 까닭이요

지혜가 이름이 편안하지 못한 것이니

급하고 추전하는 까닭이며 자성을 간택하는 까닭이다.

몸과 마음이 앞과 뒤에 편안하고 편안하지 못한 것이 있는 것이

---

129 편안히 머물지 못한다고 한 것은 편안히 머물고 편안히 머물지 못하는
이 두 가지가 다른 까닭으로 분위分位라고 말한 것이다. 역시 『잡화기』의
말이다.

130 더딤으로 업을 삼는다고 한 등은 이 말을 안찰컨대 곧 위의 『유식론』에
자체성을 설출하는 가운데 비록 다만 바쁘다(빠르다)는 말만 있지만 그
뜻이 더디다는 말이 영략影略되어 있는 줄 족히 알 수 있을 것이다. 역시
『잡화기』의 말이다.

131 또 말하기를 혹은 운운한 것은 그 뜻에 말하기를 찾아 구하고 찾아 살피는
것(尋伺)이 스스로 편안하고 편안하지 못함이 있는 까닭으로 몸과 마음도
또한 편안하고 편안하지 못함이 있는 것이니, 그런 까닭으로 아래 모두
맺어 말하기를 몸과 마음이 앞과 뒤에 편안하고 편안하지 못한 것이 운운하였
다. 앞과 뒤라고 말한 것은 이것은 몸과 마음의 앞과 뒤의 시간을 말하는
것이다. 역시 『잡화기』의 말이다.

다 찾아 구하고 찾아 살피는 것(尋伺)을 의지하기에 그런 까닭으로 이름이 의지하는 바다 하였다.

이것은 부정지법이라고 한 것은 총체의 모습을 설출한 것이니, 『유식론』[132] 게송에 말하기를 말하자면 부정지법은 회면悔眠과 심사 尋伺의 두 가지가 각각 두 가지[133]가 있다 하였다.
자체의 모습을 해석한 것은 앞[134]에서 해석한 것과 같다.

疏

言分別者 以慧揀擇 三分別中是自性分別 七分別中任運分別
種種分別者 三中隨念計度故 七中餘六 謂有相無相尋求伺察
染污不染污故

분별이라고 말한 것은 지혜로써 간택한 것이니,
세 가지 분별 가운데 이것은 자성분별이요
일곱 가지 분별 가운데 임운분별이다
가지가지 분별이라고 한 것은 세 가지 분별 가운데 수념분별隨念分別
과 계탁분별計度分別인 까닭이며 일곱 가지 분별 가운데 나머지

---

132 『유식론』은 『유식삼십송唯識三十頌』이다.

133 원문에 各二라고 한 것은 곧 회悔와 면眠, 심尋과 사伺이다. 영인본 화엄
6책, p.32, 6행 이하에 설출(出)하였다.

134 앞(前)이란, 영인본 화엄 6책, p.27, 3행 이하이다. 혹 앞(前)을 『현담玄談』이라
하기도 한다. 『잡화기』는 위에 심사에 대한 해석을 가리키는 것이라 하였다.

여섯 가지 분별이니,

말하자면 유상有相분별과 무상無相분별과 심구尋究분별과 사찰伺察
분별과 염오染汚분별과 불염오不染汚분별인 까닭이다.

鈔

三分別者는 卽雜集第二云호대 有三分別하니 謂自性分別과 隨念分
別과 計度分別이라하니라 其種種分別은 以配餘二니라 言自性分別
者는 謂於現在의 所受諸行에 自相行分別이요 隨念分別者는 謂於昔
曾所受諸行에 追念行分別이요 計度分別者는 謂於去來今의 不現
見事에 思擇行分別이라

세 가지 분별이라고 한 것은 곧 『잡집론』[135] 제이권에 말하기를
세 가지 분별이 있나니,

말하자면 자성분별과 수념분별과 계탁분별이다 하였다.

가지가지 분별이라고 한 것은 나머지 두 가지[136] 분별에 배속하였다.

자성분별이라고 말한 것은[137] 말하자면 현재 받는 바 모든 행에

---

135 『잡집론』은 『유식론』에서 인용한 『잡집론』이다.

136 원문에 여이餘二는 수념隨念과 계탁計度이다.

137 자성분별이라고 말한 등 세 가지 분별의 해석은 『대법수』 13권 초8장에
    보인다. 다 모든 행이라고 말한 것은 저 육진의 법이 다 이 천류하는 까닭이다.
    이상은 『잡화기』의 말이다. 그러나 다 모든 행이라고 말한 것은 엄격하게는
    세 가지 분별 가운데 앞에 두 가지 분별에서만 모든 행이라고 하였다.

자상의 행을 분별하는 것이요[138]

수념분별이라고 한 것은 말하자면 옛날에 일찍이 받은 바 모든 행에 생각을 따라 행하는 것을 분별하는 것이요

계탁분별이라고 한 것은 말하자면 과거·미래·지금의 현재 보지 못한 일에 사택하는 행을 분별하는 것이다.

言七分別者는 論云호대 復有七種分別하니 謂於所緣任運分別과 有相分別과 無相分別과 尋求分別과 伺察分別과 染汚分別과 不染汚分別이라 初分別者는 謂五識身이 如所緣相에 無異分別이니 於自境界에 任運轉故니라 有相分別者는 謂自性隨念의 二種分別이니 取過現境의 種種相故니라 無相分別者는 謂希求未來境行分別이라 所餘分別은 皆用計度分別하야 以爲自性이니 所以者何오 以思度故로 或時尋求하며 或時伺察하며 或時染汚하며 或不染汚하야 種種分別이라하니라 故瑜伽云호대 尋求分別者는 謂於諸法에 觀察尋求하야 所起分別이요 伺察分別者는 謂於己所尋求와 己所觀察에 伺察安立하야 起分別故요 染汚分別者는 謂於過去에 顧戀俱行하며 於未來에 希樂俱行하며 於現在에 執著俱行하야 所有分別과 若欲分別과 若恚分別과 若害分別과 或隨與一煩惱와 隨煩惱相應하야 所起分別이요 不染汚分別者는 若善無記니 謂出離分別과 無恚分別과 不害分別과 或隨與一信等善法相應하고 或威儀路功巧處에 諸變化所有分

---

138 원문에 현재소수제행現在所受諸行은 소분별所分別이요, 자상행自相行은 능분별能分別이다.

別이라하니라 釋曰雜集엔 後四相隱故로 引瑜伽釋之하니라 今但云
分別은 卽是初一이요 種種分別은 卽是餘六이니 對疏可知라

일곱 가지 분별이라고 한 것은 『잡집론』에 말하기를 다시 일곱
가지 분별이 있나니,
말하자면 반연할 바의 임운분별과 유상분별과 무상분별과 심구분별
과 사찰분별과 염오분별과 불염오분별이다.
처음에 임운분별이라고[139] 한 것은 말하자면 오식五識의 몸이 저
반연할 바 모습에 다름없이 분별하는[140] 것이니
자기의 경계에 마음대로 유전하는 까닭이다.
유상분별有相分別[141]이라고 한 것은 말하자면 자성과 수념의[142] 두
가지 분별이니
과거와 현재의 경계에 가지가지 모습을 취하는 까닭이다.
무상분별無相分別[143]이라고 한 것은 말하자면 미래의 경계를 희구하

---

139 원문에 초분별初分別이란, 처음(初)에 임운분별任運分別이니, 전오식前五識은
　　현량現量인 까닭으로 반연할 바 모습에 다름없이 분별한다 한 것이요, 또
　　임운任運이라고 말한 것은 비량比量으로 추구할 수 없음을 말하는 것이다.
140 다름없이 분별한다고 한 것은 곧 안식은 색을 분별하고 이식은 소리를
　　분별하는 등이니 두루함을 얻을 수 없는 까닭이다. 역시 『잡화기』의 말이다.
141 유상분별有相分別이라고 한 것은, 과거過去·현재現在는 이미 일어난 까닭으로
　　유상有相이라는 것이다.
142 수념 운운한 것은 수념이 비록 과거를 반연하지만 과거에 일찍이 육경의
　　모습이 있는 까닭이다. 역시 『잡화기』의 말이다.
143 무상분별無相分別이라고 한 것은, 미래未來는 아직 일어나지 아니한 까닭으로

는 행을 분별하는 것이다.

나머지 분별하는 바[144]는 다 계탁분별을 써서 자상을 삼는 것이니 무슨 까닭인가. 사량하여 헤아리는 까닭으로 혹시에는 찾아 구하며 혹시에는 찾아 살피며 혹시에는 물들며 혹시에는 물들지 않아서 가지가지로 분별한다 하였다.

그런 까닭으로 『유가론』에 말하기를[145] 심구분별이라고 한 것은 말하자면 모든 법에 관찰하고 찾아 구하여 일으킨 바 분별이요 사찰분별이라고 한 것은 말하자면 이미 찾아서 구한 바와 이미 관찰한 바에 찾아 살피고 안립하여 분별을 일으키는 까닭이요 염오분별이라고 한 것은 말하자면 과거에 함께 행한 것을 돌아보고 연모하며 미래에 함께 행할 것을 희구하며 현재에 함께 행하는 것을 집착하여 있는 바 분별과 혹 탐욕의 분별과 혹 성냄의 분별과 혹 해침의 분별과 혹 근본의 한 번뇌[146]와 수번뇌로 더불어[147] 상응함을

무상無相이라는 것이다.

144 원문에 소여분별所餘分別이란, 나머지 네 가지 분별分別을 말한다.

145 『유가론瑜伽論』 운운은 청량淸涼스님이 『유가론瑜伽論』을 이끌어 유식唯識을 해석한 것이다.

146 번뇌라고 한 것은 곧 근본번뇌이다. 일─이라고 말한 것은 말하자면 근본번뇌와 수번뇌 등이 다수를 따르고 그 하나를 따라 일으킨 바 분별이요, 혹 번뇌라고 말한 것은 곧 수번뇌이다. 이상은 『잡화기』의 말이나 혹 번뇌라고 말한 것은 곧 수번뇌라고 한 것은 여기 문장상에는 여의치 않다 여겨진다.

147 원문에 혹수여일번뇌或隨與─煩惱라고 한 것은 근본根本 일번뇌─煩惱를 따라 모든 수번뇌隨煩惱가 상응하여 일어나는 것이요, 또 수번뇌 가운데 한 번뇌가 생기함을 따라 나머지 수번뇌가 상응하여 생기하는 것이니, 아래 수여일신등

따라 일으킨 바 분별이요

불염오분별이라고 한 것은 혹 선과 무기이니,

말하자면 벗어나려는 분별과 성냄을 없애려는 분별과 해하지 않으려
는 분별과 혹 첫 번째 신信 등의 선법으로 더불어 상응함을 따르고,
혹 위의威儀[148]의 길과 공교工巧의 처소에 모든 변화하여 있는 바
분별이다 하였다.

해석하여 말하면『잡집론』에는 뒤에 네 가지 분별의 모습[149]이 숨은
까닭으로『유가론』을 인용하여 해석하였다.

지금에 다만 분별이라고 말한 것은 곧 이것은 처음에 한 가지 분별[150]
이요

가지가지 분별이라고 한 것은 곧 이것은 나머지 여섯 가지 분별이니
소문을 상대하면 가히 알 수가 있을 것이다.

疏

憶念者는 追憶曾習이니 唯緣過去요 思惟者는 以慧籌度이니 通去
來今이라 並有一多하야 各成二種하나니 上六은 皆別境攝이라

기억하여 생각한다고 한 것은 일찍이 익힌 것을 따라 기억하는

　　隨與一信等도 이것을 기준할 것이다.
148　위의威儀란,『잡화기』에 계율 등의 위의와 같다 하였다.
149　원문에 후사상後四相이란, 심구尋求, 사찰伺察, 염오染汚, 불염오不染汚이다.
150　원문에 초일初一이란, 일곱(七) 중 一이니 곧 임운분별任運分別이다.

것이니.

오직 과거만을 반연하는 것이요

사유한다고 한 것은 지혜로써 헤아리는 것이니

과거·미래·현재에 통하는 것이다.

모두 하나와 많은 것이 있어서 각각 두 가지를 이루나니

위에 여섯 가지[151] 일은 다 별경[152]에 섭속되는 것이다.[153]

鈔

上六은 皆別境攝者는 別境有五하니 一欲이요 二勝解요 三念이요 四定이요 五慧니 下當頻釋하니라

위에 여섯 가지 일은 다 별경別境에 섭속된다고 한 것은 별경에 다섯 가지가 있나니

첫 번째는 욕망이요,

두 번째는 수승한 지해요,

세 번째는 생각이요,

네 번째는 삼매요,

다섯 번째는 지혜이니

---

151 원문에 상육上六이란, 종종억념種種憶念까지이다.

152 별경別境이란, 별경심소別境心所이다.

153 별경에 섭속된다고 한 것은 분별하여 사유하는 것은 지혜에 있고, 기억하여 생각하는 것은 곧 생각이다. 다『잡화기』의 말이다.

아래에 마땅히 자주 해석하겠다.

疏

種種憶念은 義兼惡作이라 幻術은 通思通念이라 眠是不定이니 意識亦行이나 但取境昧略이요 輕眠有夢이며 亦通善惡이니 覺之勢故니라

가지가지 기억하여 생각한다고 한 것은 뜻이 악작惡作을 겸하였다.
환술이라고 한 것은 사유함에도 통하고 기억하여 생각함에도 통하는 것이다.
잠 꿈이라고 한 것은 부정지법이니 의식이 또한 행하지만 다만 경계를 취하는 것이 우매하여 생략할 뿐이요
가벼운 잠은 꿈이 있으며 또한 선과 악[154]에 통하나니 깸의 세력이 있는[155] 까닭이다.

鈔

種種憶念者는 卽上引唯識偈云호대 不定謂悔眠과 尋伺二各二라호미 是라 釋曰初二字는 標位總名이라 論云호대 悔眠尋伺가 於善染等을 皆不定故니 非如觸等의 定遍心故며 非如欲等의 定遍地故로 立

---

154 선과 악이란, 좋은 꿈과 나쁜 꿈, 좋은 잠과 나쁜 잠을 말한다.
155 깸의 세력이 있다고 한 것은, 꿈에 선과 악이 있다고 말한 것은 이것은 이 가벼운 꿈이니 깸의 세력이 같은 까닭이라고 『잡화기』는 말한다.

不定名이라하니라 次五字는 分別名字니 論云호대 悔謂惡作이니 悔所
作故로 追悔爲性하고 障止爲業이라 此卽於果에 假立因名이니 先惡
所作業을 後方追悔故니라 悔先所作도 亦惡作攝이니 如追悔言호대
我先不作如是事業이 是名惡作이라하니라 釋曰此有二意하니 一은
悔先作惡이요 二는 悔先不作善이니 旣追善惡인댄 卽種種憶念攝이
라 二各二之三字는 釋不定義니 下長行釋云호대 應言二者는 顯二種
二라 一은 謂悔眠이요 二는 謂尋伺니 此二二種이 種類各別이라 故一
二言에 顯二二種이라하니라

가지가지 기억하여 생각한다고 한 것이라 한 것은 곧 위에 『유식론』
게송을 인용하여 말하기를 부정지법은 말하자면 회면과 심사의
두 가지가 각각 두 가지가 있다 한 것이 이것이다.
해석하여 말하면 처음에 두 글자[156]는 지위의 총명을 표한 것이다.
『유식론』에 말하기를 회면과 심사가 선과 염오 등을 다 결정할
수 없는 까닭이니,
촉觸 등[157]의 정변심定徧心과는 같지 않는 까닭이며[158] 탐욕(欲) 등[159]의

---

156 처음에 두 글자(初二字)는 부정이자不定二字니 부정지법不定地法의 총명總名
  이다.
157 촉觸 등이란, 수受, 상想, 사思, 작의作意니 오변행五徧行이다.
158 같지 않는 까닭이라고 한 것은 말하자면 저 촉觸 등은 다 결정하는 바가
  있지만 그러나 유독 이 회면과 심사는 결정하는 바가 없는 까닭이다. 바로
  아래 변정지라 한 지地는 삼계구지의 지이다. 역시 『잡화기』의 말이다.
159 탐욕(欲) 등이라 한 것은 승해勝解, 염念, 정定, 혜慧니 별경오別境五이다.

정변지定徧地와는 같지 않는 까닭으로 부정지법이라는 이름을 세운 것이다 하였다.

다음에 다섯 글자[160]는 이름[161]을 분별하는 것이니

『유식론』에 말하기를 회悔[162]는 악작惡作을 말하는 것이니[163] 지은 바가 악한[164] 까닭으로[165] 따라 뉘우치는 것으로 자성을 삼고, 장애를 그치는 것으로 업을 삼는 것이다.

이것은 곧 저 과보에[166] 원인의 이름을 거짓으로 세운 것이니 먼저 지은 바 업業이 악한 것을 뒤에 바야흐로 따라 뉘우치는 까닭이다.[167]

먼저 짓지 아니한 것을 뉘우치는 것도 또한 악작에 섭수되는 것이니 따라 뉘우쳐 말하기를 내가 먼저 이와 같은 사업을 짓지 않겠다고 하는 것과 같은 것이 이 이름이 악작이라 한다 하였다.

---

160 원문에 次五字는 위회면심사謂悔眠尋伺이다.

161 원문에 名字란, 부정지법不定地法이라는 이름이다.

162 회悔 자 이하는 『유식론』 문이기에 회悔 자 위에 논운論云이라는 글자를 보증하였다.

163 원문에 회면악작悔眠惡作이라고 한 아래는 논문論文이다.

164 원문 악작惡作 아래에 회悔 자는 본 『유식론』에는 악惡 자이나 그러나 회 자가 도리어 더 좋다. 이상은 『잡화기』의 말이나 차본此本은 이미 악 자로 교정되어 있다.

165 원문에 악소작고惡所作故의 故 자는 業 자이다. 다음 줄에 악소작업惡所作業이라 하였다. 그러나 故 자라도 뜻은 통하기에 고치지 않는다.

166 저 과보에 운운은 회悔는 이 과보이고 악작惡作은 이 원인이니, 악惡 자는 글자와 같이(글자 그대로) 읽을 것이다. 역시 『잡화기』의 말이다.

167 원문에 선악소작업先惡所作業은 因이고, 후방추회後方追悔는 果이다.

해석하여 말하자면 여기에 두 가지 뜻이 있나니
첫 번째는 먼저 지은 악을 뉘우치는 것이요[168]
두 번째는 먼저 짓지 아니한 선을 뉘우치는 것이니,
이미 선과 악을 따른다고 하였다면 곧 가지가지 기억하여 생각한다
고 함에 섭수되는 것이다.
두 가지가 각각 두 가지(二各二)라고 하는 세 글자는 부정지법의
뜻을 해석한 것이니,
아래 장행문[169]에 해석하여 말하기를 응당 두 가지라고 말한 것은
두 가지에[170] 두 가지를 나타낸 것이다.

---

168 첫 번째는 먼저 지은 악을 뉘우친다고 한 등은 또한 응당 먼저 지은 선善을
뉘우치는 것과 먼저 짓지 아니한 악惡을 뉘우친다는 말이 있어야 할 것이지만,
다만 여기에는 그 이치가 어긋나는 까닭으로 다만 악작惡作이라고만 말한
것이다. 역시 『잡화기』의 말이다.

169 아래 장행문(下長行)이란, 이 글(此文)은 유식唯識 게송偈頌이니 이 게송(此頌)
아래(下)에 유식唯識 장행문長行文을 말한다.

170 두 가지라고 말한 것은 두 가지에 운운한 것은 게송 가운데 이二 자를
첩석하여 이 한 개의 이선二善에 스스로 두 가지가 있나니, 말하자면 회와
면과 그리고 심과 사가 이 저 『유식론』의 두 가지에 두 가지이다. 다음에
바야흐로 아래 이二 자를 해석하여 말하기를(바로 다음 줄) 이 두 가지에
두 가지 종류가 각각 두 가지가 있나니, 말하자면 염染과 불염不染이다.
선염善染에 각각 오직 한 가지 뜻만 있는 것과는 같지 않는 것이다 하니,
이것은 바로 이 부정지법의 뜻을 해석한 것이나 다만 지금에 문장을 이끌어오
면서 다 이끌어오지 못한 것일 뿐이다. 저 『유식론』의 말을 뜻을 잡아
말한다면 곧 이 두 가지에 두 가지라고 말한 것은 말하자면 이 앞에 두
가지가 각각 두 가지가 있나니, 회와 더불어 면과 그리고 심과 사가 종류가

첫 번째는 말하자면 회면悔眠이요,

두 번째는 말하자면 심사尋伺이니

이 두 가지에 두 가지가 종류가 각각 다른 것이다.

그런 까닭으로 첫 번째와 두 번째 말에 두 가지와 두 가지를 나타낸
다[171] 하였다.

眠是不定者는 卽上論長行云호대 眠謂睡眠이니 令身不自在니라 昧
略爲性하고 障觀爲業이니 謂睡眠位엔 身不自在하며 心極暗劣하야
一門轉故니라 昧揀在定이요 略別悟時니 今顯睡眠이 非無體用이라
有無心位에 假立此名하니 如餘蓋纏에 心相應故라하니라 釋曰謂睡
眠位下는 釋上不自在言이니 謂令身不自在는 坐亦睡眠故며 他搖
動時에도 亦不覺等故니라 此令心極暗昧하야 輕略爲性이니 不能明
利精審故니라 意識亦行은 卽是論의 一門轉故니 顯五識不行이라 定
心一境이니 略而不昧일새 故云昧揀在定이라하며 悟廣緣境이니 不
得稱略일새 故云略別悟時라하니라 故眠有二하니 顯有別體하야 必
依於心이나 而五無心하니라 一에 熟眠者는 假立爲眠이요 非實眠者

각각 다른 까닭으로 하나에 두 가지가 있다는 것이다. 두 가지에 두 가지를
나타낸다고 말한 것은 말하자면 첫 번째는 이 심사이니 이 두 가지에 각각
두 가지가 있음을 나타낸 까닭이라 하니, 이것은 곧 이 가운데 다만 위에
이二 자만 해석하여 다한 것이나 부정지법의 뜻을 해석한 것이 아직 나타나지
않았다 하겠다. 이상은 다 『잡화기』의 말이다.

171 원문에 一二言에 顯二二種이란, 첫 번째에 회悔와 면眠이 있고, 두 번째에
심尋과 사伺가 있다. 그리고 여기에 각각 염染과 불염不染이 있다.

니 眠必與心으로 而相應故로 如餘蓋等이라 二에 言輕眠有夢者는
揀異熟眠이니 得顯此眠이 是不定攝이니 通善惡故며 夢有善惡故
니라

잠 꿈이라고 한 것은 부정지법이라고 한 것은 곧 이 위의 『유식론』
장행문에 말하기를 잠(眠)은 말하자면 수면이니
몸으로 하여금 자재하지 못하게 하는 것이다.
우매하여 생략하는 것으로 자성을 삼고 장애를 관찰하는 것으로
업을 삼나니,
말하자면 수면위에서는 몸이 자재하지 못하며 마음이 지극히 어둡고
용렬하여 한 문(一門)[172]으로만 전하는[173] 까닭이다.
우매하다고 한 것은 삼매에 있을 때와 간별하는 것이요
생략한다고 한 것은 깨어 있을 때와 간별하는 것이니
지금[174]에는 수면이 자체와 작용이 없지 아니함을 나타내는 것이다.
무심위에서 거짓으로 이 수면의 이름을 세운 것이 있나니[175]

---

172 한 문(一門)이라고 한 것은 의식意識이다. 의식意識으로만 행행行하고 전오식前
　　五識은 불행不行한다.

173 원문에 심극암열心極暗劣은 昧요, 일문전一門轉은 略이다.

174 今 자는 본론本論에는 영슦 자이다. 『잡화기』의 말이다.

175 무심위에서 거짓으로 이 수면의 이름을 세운 것이 있다고 한 것은 『백법론』
　　주에 말하기를 저로 하여금 유심의 잠을 좇아 무심의 지위에 이르게 하는
　　까닭으로 무심위에서 거짓으로 이 이름을 세운 것이 있다 하였다. 거짓으로
　　이 이름을 세웠다고 한 것은 그 뜻에 말하기를 저 다섯 가지 무심위 가운데
　　수면은 이 숙면이니 마음으로 더불어 상응하지 않는 것이다. 그런 까닭으로

나머지 사개[176]와 십전에 수면이 마음으로 상응하는 것과 같은 까닭이다 하였다.

해석하여 말하면 말하자면 수면위라고 한 아래는 위에 자재하지 못하다고 한 말을 해석한 것이니,

말하자면 몸으로 하여금 자재하지 못하게 한다고 한 것은 좌선하는 때도 또한 잠을 자는 까닭이며

다른 사람이 움직이게 하는 때도 또한 깨지 않는 등인 까닭이다.

이것은 마음으로 하여금 지극히 어둡고 우매하여 가벼이 생략케 하는 것으로 자성을 삼나니

능히 밝고 예리하고 정미롭게[177] 알지 못하는 까닭이다.

의식이 또한 행한다고 한 것은 곧 이것은『유식론』가운데 한 문(一

무심위 가운데 있는 것이니 그 수면의 이름을 거짓으로 세운 것이요, 오개五蓋 가운데 수면은 이 마음으로 더불어 상응하는 것이 이 가운데 경면輕眠으로 더불어 같은 것이다. 토를 심위"에는" 차명"이요" 개전"에는"이라 할 것이다. 다『잡화기』의 말이다.『잡화기』의 토라면 무심위에 수면은 상응하지 않고 나머지 사개와 십전에 수면은 상응한다는 뜻이니, 그렇다면 여如 자를 저라고 해석할 것이니 문맥상 여의치 않다. 따라서 나는 차명"이니" 토로 보아 무심위에 수면도 나머지 사개와 십전의 수면도 상응한다고 보는 것이니, 여如 자는 위에 무심위의 말을 증거하는 것으로 같다고 해석하는 것이다. 아래 여섯 줄 뒤의 해석도 그렇다.

176 원문에 여개餘蓋는 면眠 밖에 나머지 사개四蓋이다.
177 원문에 침沈 자는 본론엔 정精 자라고『잡화기』는 말하나, 이미 교정되어 정 자로 되어 있다.

門)[178]으로 전하는 까닭이니,

오식五識이 행하지 아니함을 나타낸 것이다.

삼매의 마음은 한 경계이니 생략하였지만 우매하지 않기에 그런 까닭으로 말하기를 우매하다고 한 것은 삼매에 있을 때와 간별하는 것이다 하였으며

깨어 있을 때는 널리 경계를 반연하나니, 생략한다고 이름함을 얻을 수 없기에 그런 까닭으로 말하기를 생략한다고 한 것은 깨어 있을 때와 간별하는 것이다 하였다.

그런 까닭으로 수면에 두 가지가 있나니[179]

별체別體가[180] 있어서 반드시 마음을 의지하지만 오위무심五位無心[181]

---

178 한 문(一門)은 의식문意識門이다.

179 수면에 두 가지가 있다고(眠有二) 한 것은 1. 숙면熟眠, 2. 경면輕眠이다.

180 별체別體 운운은 별체 "하야" 무심"하니" 숙면자"는" 실면자"는" 토라고 『잡화기』는 말하나 나는 다 같고 무심"하니라" 실면자"니"로 현토하였다. 바로 위에 수면에 두 가지가 있다고 한 것은 곧 아래 숙면과 비실면非實眠이라 한 것이 이것이니, 비실면은 경면을 말하는 것이 아니다. 오무심위 가운데 비록 바로 수면이라 말하고 숙면이라 말하지 않았지만, 이 가운데는 경면으로 더불어 상대하여 밝히기를 요망한 까닭으로 숙면이라 말한 것이니 숙熟 자가 이 수睡 자의 잘못이라고 말하지 말 것이다. 혹은 말하기를 수면에 두 가지가 있다고 한 것은 이것은 염染과 불염不染이고 또 비실면자"니" 토라 하고, 또 숙熟 자를 수睡 자의 잘못이라 하였다. 역시 『잡화기』의 말이다.

181 오위무심五位無心은 법상종法相宗에 제육의식第六意識의 간단間斷하는 자리에 오종五種을 세운 것이니 1. 무상천無想天, 2. 무상정無想定, 3. 멸진정滅盡定, 4. 극수면極睡眠, 5. 극민절極悶絶이니 此 무심위無心位에는 다섯 가지가

을 나타낸 것이다.

첫 번째 숙면熟眠은 거짓으로 이름을 세워 잠을 잔다 할 뿐 진실로 잠을 자는 것이 아니니,

잠은 반드시 마음으로 더불어 상응하는 까닭으로 나머지 오개 등과 같은 것이다.

두 번째[182] 가벼운 잠(輕眠)은 꿈이 있다고 말한 것은 숙면과 다른 것을 가린 것이니,

이 가벼운 잠(輕眠)이 부정지법에 섭속됨[183]을 나타냄을 얻나니 선과 악에 통하는 까닭이며 꿈도 선과 악이 있는 까닭이다.

疏

此十은 是心所니 不離心故로 同名意也니라 徵破는 準前이라

이 뜻에 열 가지는 이 심소心所이니

마음을 떠나지 아니한 까닭으로 다 뜻(意)이라 이름하는 것이다.

물어서 깨뜨리는 것은 앞[184]에서 설한 것을 기준할 것이다.

다 무심無心하다.

182 름 자 위에 二 자가 빠져 보충하였다.

183 원문에 부정섭不定攝이라 한 것은 부정사不定四 가운데 면眠이 들어 있다. 부정사不定四는 회회悔·면眠·심尋·사伺이다.

184 앞이란, 영인본 화엄 6책, p.18, 4행이다.

鈔

此十是心所下는 謂旣釋於意인댄 意是心王이거늘 而說所者는 所不
離王故며 又五蘊中에 除其色等한 意業攝故니라

이 뜻에 열 가지는 이 심소라고 한 아래는 말하자면 이미 뜻을
해석하였다면 뜻은 이 심왕이거늘, 그런데 심소라고 말한 것은
심소가 심왕을 떠나지 아니한 까닭이며
또 오온 가운데 그 색 등[185]을 제외한 의업에 섭속하는 까닭이다.

---

185 원문에 색성色聲이라 한 성聲 자는 등等 자의 잘못이라 의심한다. 그 뜻에
말하기를 오온 가운데 지금은 이 식온識蘊이니, 만약 색色 등 사온이라면
곧 아래 의업意業 가운데 섭속하여 있다 할 것이다. 역시 『잡화기』의 말이다.

經

若意業是梵行者인댄 當知梵行이 則是思想이며 寒熱飢渴이며
苦樂憂喜리라

만약 뜻의 업이 이 범행이라고 한다면 마땅히 알아야 합니다.
범행이 곧 생각이며 감상이며
찬 것이며 더운 것이며
주린 것이며 목마른 것이며
괴로운 것이며 즐거운 것이며
근심이며 기쁨일 것입니다.

疏

第六은 觀意業十事니 皆意之用일새 故名爲業이라 約遍行五하야
徵之니 一思요 二想이요 次四는 是觸이요 後四는 是受니 作意一種
은 總遍十段이라 故前云호대 作意觀察이라하니 卽上四段이 亦各
一蘊이라

제 여섯 번째는 뜻의 업을 관찰하는 열 가지 일이니,
다 뜻의 작용이기에 그런 까닭으로 이름을 업이라 하는 것이다.
변행심소의 다섯 가지를 잡아 물은 것이니
첫 번째는 생각이요,
두 번째는 감상이요,

다음에 네 가지는 촉감이요

뒤에 네 가지는 느낌(受)이니,

작의作意[186]의 한 가지는 모두 십단에 두루하는 것이다.

그런 까닭으로 앞[187]에서 말하기를 뜻을 지어 관찰한다 하였으니,

곧 위에 사단四段이 또한 각각 일온一蘊식이다.[188]

鈔

約遍行五者는 唯識第五云호대 謂觸作意受想思니 一切心中에 定
可得故로 名爲遍行이라 又具四一切故니 謂遍一切三性이요 二는 遍
九地요 三은 遍一切有心時요 四는 遍一切位니 謂隨何位의 心所故라
하니라 言觸은 和合勝일새 論列在初하고 瑜伽等엔 作意在初하니라
作意者는 謂能警心으로 爲性하고 於所緣境에 引心爲業하나니 謂此
警覺이 應起心種하야 引令趣境일새 故名作意라 雖此亦能引起心所
나 心是主故로 但說引心하니라 作卽是意니 持業釋也요 或作俱時意
니 隣近爲勝이라 云何爲觸고 觸은 謂三和며 分別變異라 令心心所로
觸境爲性하고 受想思等의 所依爲業하나니 謂根境識이 互相隨順일
새 故名三和요 觸依彼生하야 令彼和合일새 故說爲彼요 三和合位에

---

186 작의作意는 두 가지 뜻이 있다. 첫째는 작용作用하는 마음(意)이고, 둘째는
마음을 짓는 것이다.

187 앞이란, 영인본 화엄 6책, p.15, 2행이다.

188 원문에 상사단역각일온上四段亦各一蘊이라고 한 것은 一에 思는 행행이고,
二에 想은 근根이고, 다음에 四에 觸은 색色이다. 작의作意 일종一種도 또한
행行이라고 초문鈔文에 말했다.

皆有順生心所하는 功能일새 說名變異요 觸似彼起일새 故名分別이
라 根變異力이 引觸起時에 勝彼識境하나니 故集論等엔 但說分別하
니라 根之變異가 和合一切의 心及心所하야 令同觸境이 是觸之性이
요 旣似順起心所하는 功能일새 故以受等의 所依爲業이라 云何爲受
고 受는 謂領納順違俱非의 境相爲性하고 起愛爲業하나니 能起合離
와 非二欲故니라 云何爲想고 想은 謂於境에 取像爲性하고 施設種種
名言으로 爲業하나니 謂要安立境의 分齊相하야사 方能隨起種種名
言이라 云何爲思고 思는 謂令心造作爲性하고 於善品等에 役心爲業
하나니 謂能取境의 正因等相하야 驅役自心하야 令造善等케하니라 此
後四種은 並無六釋이라하니 釋曰以名이 多同於遍行故니라 作意觀
察이 遍於十段은 順論先釋이라 卽上四段이 亦各一蘊者는 卽向遍行
五也라

변행심소의 다섯 가지를 잡았다고 한 것은 『유식론』 제오권에 말하
기를 말하자면 촉감과 뜻을 짓는 것과 느낌과 감상과 생각이니,
일체 마음 가운데 결정코 가히 얻는 까닭으로 이름을 변행이라
하는 것이다.
또 네 가지 일체를 갖춘 까닭이니,
말하자면 일체 삼성에 두루하는 것이요,
두 번째는 구지九地[189]에 두루하는 것이요,

---

[189] 구지九地라고 한 것은 『백법론』 주에 말하기를 삼계구지라 하였다. 바로
아래 네 번째 유심시라고 한 것은 『백법론』 주에 말하기를 일체 장단의
시간이라 하였다. 역시 『잡화기』의 말이다.

세 번째는 일체 유심시有心時에 두루하는 것이요,

네 번째는 일체 지위에 두루하는 것[190]이니,

말하자면 어떤 지위의 심소를 따르는 까닭이다 하였다.

촉감이라고 말한 것은 화합이 수승하기에[191]『유식론』에서는 최초에 열거되어 있고,『유가론』등에서는 뜻을 짓는 것이 처음에 있다.

뜻을 짓는 것이라고 한 것은 말하자면 능히 경계하는 마음으로[192] 자성을 삼고 반연할 바 경계에 인도하는 마음으로 업을 삼나니, 말하자면 이 경각심이 응당 마음의 종자를 일으켜 인도하여 하여금 경계에 나아가게 하기에 그런 까닭으로 이름을 뜻을 짓는 것이라 한 것이다.

비록 이것이 또한 능히 심소를 인도하여 일으키지만 마음이 주인인 까닭으로 다만 말하기를 인도하는 마음이라고만 하였다.

___

190 원문에 변일체위遍一切位란, 즉 일체위一切位에서 함께 일어나는 유식唯識이다. 또 일체一切는 위에 삼위三位를 가리키는 것이니 촉觸 등 오심소五心所가 있는 까닭이다.

191 촉감이라고 말한 것은 화합이 수승하다 운운한 것은『백법론』주에 말하기를 『유식론』에 촉으로써 으뜸을 삼는 것은 바로 세 가지 화합으로 촉감을 냄에 나아가 이에 경계로써 우선을 삼은 것이니 이것은 단적으로 식에 나아가 설한 것이니 다만 범부에만 속하는 것이요,『유가론』에 작의作意로써 우선을 삼는 것은 이승과 그리고 권교보살이 관행觀行에 다 작의를 의지하여 수행함을 잡은 것이니 이것은 범부와 성인에 통하는 것이다. 역시『잡화기』의 말이다. 세 가지 화합은 근·경·식의 화합이다.

192 경계하는 마음이라 운운한 것은『백법론』주에 말하기를 경계하는 마음을 하여금 일으켜 인도하는 마음으로 경계를 일으키게 하는 것이 이것이 자체 작용이라 하였다. 역시『잡화기』의 말이다.

짓는 것(作)이 곧 이 뜻(意)이니 지업석이요,
혹은 구시의[193] 뜻을 짓는 것이니 인근석이 수승함이 되는 것이다.

어떤 것이 촉감이 되는가.
촉감은 말하자면 세 가지[194]가 화합하는 것이며[195] 분별하는 것이며
변하여 다른 것이다.
심왕과 심소로 하여금 촉경과 같게 하는 것으로 자성을 삼고 느낌과
감상과 생각 등의 의지할 바[196]로 업을 삼나니,
말하자면 육근·육경·육식이[197] 서로서로 수순하기에 그런 까닭으로
이름을 세 가지가 화합하는 것이라 한 것이요

---

193 구시俱時 운운은, 구시란 위순違順과 선악善惡이 동시同時라는 뜻이다. 그러나
『잡화기』는 작作으로 더불어 구시에 생기하는 뜻이니, 이 해석이 바로 앞의
지업석보다 우수하다 하였다.

194 세 가지(三)란, 근根·경境·식識이다.

195 세 가지가 화합 운운은 『백법론』 주에 말하기를 근과 경이 상대하여 식을
생기하는 것을 세 가지 화합이라 말하는 것이고, 변하여 다른 것은 이것은
세 가지 화합의 공능이고, 분별은 이것은 분취分取의 뜻이니, 말하자면
세 가지 화합 가운데 일분의 공능만 분취하여 심왕과 심소로 하여금 닿는
경계(觸境)가 자성이 되게 하는 것이다 하였다. 역시 『잡화기』의 말이다.

196 원문에 수상사등소의受想思等所依라고 한 것은 마음이 경계에 닿은 연후에
낙수樂受·고수苦受, 낙상樂想·고상苦想 등이 있는 까닭이다. 『잡화기』는 『백
법론』 주에 말하기를 느낌 등 나머지 심소가 다 촉감을 의지하여 생기하는
까닭이다 하였다.

197 육근·육경·육식이라고 한 아래는 위에 세 가지 화합이 촉감으로 더불어
서로 인연이 되는 뜻을 해석한 것이다. 역시 『잡화기』의 말이다.

촉감은 저¹⁹⁸를 의지하여¹⁹⁹ 생기하여 저로 하여금 화합하게 하기에 그런 까닭으로 말하기를 저라 한 것이요

세 가지가 화합하는 지위에²⁰⁰ 다 심소를 따라 생기하는 공능이 있기에 이름을 변하여 다른 것이라 말한 것이요

촉감이 저와 같이 생기하기에 그런 까닭으로 이름을 분별이라 한 것이다.

육근의 변하여 다른 힘²⁰¹이 촉감을 이끌어 생기할 때에 저 육식과

---

198 촉감(觸)은 식識이고, 저(彼)는 근根, 경境이다.

199 촉감은 저를 의지한다고 한 아래는 촉감이 세 가지 화합을 의지하여 생기함을 얻고 세 가지 화합이 촉감을 인유하여 화합을 얻는 것을 성립하는 까닭으로 저 세 가지 화합이 서로 서로 의지하여 생기하는 뜻을 설한 것이니, 저라고 한 것은 곧 세 가지 화합이다. 역시 『잡화기』의 말이다.

200 세 가지가 화합하는 지위라고 한 아래는 위에 분별과 변하여 다르다는 말을 해석한 것이니, 변하여 다르다고 한 것은 이 세 가지 화합이 심소의 공능을 생기하거늘 촉감의 심소도 또한 세 가지 화합과 같아서 능히 느낌(受) 등을 생기하기에 그런 까닭으로 말하기를 촉감의 심소가 세 가지 화합 가운데 변하여 다른 공능을 분별하는 것이다 하였다. 이상은 『잡화기』의 말이니 다 『백법론』 주의 말을 인용한 것이다.

201 육근의 변하여 다른 힘이라고 한 것은 육근의 수승한 뜻을 해석한 것이니, 세 가지 화합의 공능에 오직 육근만이 수승하다는 뜻이다. 오직 육근만이 수승하다는 것은 네 가지 뜻이 있나니 첫 번째는 주主를 인유하는 까닭이요, 두 번째는 근近을 인유하는 까닭이요, 세 번째는 변遍을 인유하는 까닭이요, 네 번째는 속續을 인유한 까닭이다. 경계가 비록 능히 심왕과 심소를 생기하지만 주主도 아니고 근近도 아닌 까닭이요, 마음이 비록 이 주·근으로써 심소를 생기하지만 능히 심왕을 생기할 수 없으며 또 변遍이 아닌 까닭이요, 육경과 더불어 육식이 다 속續의 뜻이 빠진 까닭으로 오직 육근만이 수승한 것이다.

육경보다 수승하나니 그런 까닭으로『잡집론』[202] 등에는 다만 분별이라고만 말하였다.

육근의 변하여 다른 힘이 일체 심왕과 그리고 심소를 화합하여 하여금 촉경觸境과 같게 하는 것이 이것이 촉감의 자성이요 이미 심소를 따라 일으키는 공능과 같기에 그런 까닭으로 느낌(受) 등[203]의 의지할 바로써 법을 삼는 것이다.

어떤 것이 느낌이 되는가.

느낌은 말하자면 순하는 것과 어기는 것과 함께 아닌(俱非)[204] 경계의 모습을 알아 용납하는 것으로 자성을 삼고

애욕을 일으키는 것으로 업을 삼나니,

능히 화합하는 것과[205] 떠나는 것과 둘 다 아닌[206] 애욕을 일으키는

역시 『잡화기』의 말이다.

[202] 『잡집론』이라고 한 아래는 논주가 다른 논을 인용하여 육근이 수승한 뜻을 증거하고 겸하여 촉감의 심소에 체성과 업용도 해석한 것이다.

[203] 등等이란, 상想·사思이다.

[204] 함께 아닌(俱非) 것이란, 위순違順과 선악善惡의 중간이다.

[205] 능히 화합하는 것과 운운한 것은 위에 세 가지 경계(수순하고·어기고·함께 아닌 것)에 차례와 같이 이 세 가지 느낌(受·감수)을 생기하는 것이요, 둘 다 아니라고 한 것은 곧 사수捨受이다. 위에서는 애愛라 말하고 지금에는 욕欲이라 말한 것은 애愛가 욕欲의 의지할 바가 되는 까닭이다. 역시『잡화기』의 말이다.

[206] 화합하는 것(合)이란 순경順境이고, 떠나는 것(離)이란 위경違境이고, 둘 다 아닌 것(非二)이란 구비위순경俱非違順境이다. 합욕合欲은 낙수樂受이고, 괴리욕乖離欲은 고수苦受이고, 비이욕非二欲은 불고불락수不苦不樂受이다.

까닭이다.

어떤 것이 감상이 되는가.

감상은 말하자면 경계에 형상을 취하는 것으로 자성을 삼고

가지가지 이름과 말을 시설하는 것으로 업을 삼나니,

말하자면 안립한 경계에 분제分齊의 모습을 요망하여야 바야흐로

능히[207] 가지가지 이름과 말을 따라 일으키는 것이다.

어떤 것이 생각이 되는가.

생각은 말하자면 마음으로 하여금 조작하게 하는 것으로 자성을
삼고

선품善品 등[208]에 마음을 주는 것으로 업을 삼나니,

말하자면 능히[209] 경계에 정인正因 등의 모습을 취하여 자기 마음을

---

207 안립한 경계에 운운한 것은 바로 위에 경계의 형상을 취했다고 한 것을
　해석한 것이요, 바야흐로 능히 운운한 것은 바로 위에 가지가지 이름과
　말을 시설했다고 한 것을 해석한 것이다. 대개 방원方圓(모나고, 둥근 것)
　등의 경계를 취함을 인유한 연후에사 방원 등의 이름과 말을 생기하는
　까닭이다. 역시 『잡화기』의 말이다.

208 선품善品 등이라 한 등은 『잡화기』에 악품惡品을 등취한 것이라 하였다.

209 말하자면 능히 운운한 것은 위에 체성을 해석한 것이니, 곧 정인正因과
　사인邪因을 생각하여 가히 행하고 가히 행하지 않을 것을 헤아리는 것이
　이것이 자성(체성)이고, 마음을 좇아 선을 짓고 악을 지어 마침내 사인을
　이루고 정인을 이룸을 얻는 것이 이것이 작용이다. 위에 선품 등이라 한
　등은 사인을 등취하고 아래 선품 등이라 한 등은 악을 짓는 것을 등취한

몰아주어 하여금 선품 등을 짓게 하는 것이다.

이 뒤에 네 가지²¹⁰는 모두 육석六釋²¹¹으로 말한 것이 없다 하였으니 해석하여 말하면 이름이 변행심소와 다분히 같은²¹² 까닭이다. ²¹³

뜻을 지어(作意) 관찰하는 것이 십단에 두루한다고²¹⁴ 한 것은 논에 먼저 해석한 것을 따른²¹⁵ 것이다.

곧 위에 사단이 또한 각각²¹⁶ 일온식이라고 한 것은 곧 향전에 변행심

───────────────

것이다. 묻겠다. 작의와 더불어 사思가 어떻게 다른가. 저 작의는 말이 가는 것(行)과 같고 사는 말을 타는 사람과 같나니, 말이 다만 바로 가면 능히 험한 길을 피하여 평탄한 길로 나아가지 못할 것이지만 말을 타는 사람을 인유하여 그 말로 하여금 험한 길을 피하여 평탄한 길로 나아가게 하는 것과 같나니, 사유思惟도 또한 그러하여 작의로 하여금 부질없이 행하지 않게 하여 사인을 벗어나 정의에 나아가게 하는 것이다. 역시 『잡화기』의 말이다.

210 네 가지(四種)는 한寒·열熱·기飢·갈渴이다.
211 육석六釋은 육리합석六離合釋이다.
212 원문에 이명다동어변행以名多同於遍行이라고 한 것은 경문(經)의 의업意業 가운데 이름이 논論 가운데의 변행심소遍行心所와 다분히 같다는 것이다.
213 이름이 변행심소와 다분히 같다고 한 등은 경문 가운데 십사十事가 변행심소와 다분히 같은 까닭으로 그 해당하는 바를 따라 저 사행四行에 배속하고, 이미 다분히 같다고 말하였다면 곧 반드시 같지 아니함이 있는 까닭으로 작의라는 일행一行이 십단에 두루하는 것이다. 역시 『잡화기』의 말이다.
214 원문에 작의관찰作意觀察이 변어십단遍於十段이라고 한 것은 소문에 작의일 종作意一種이 총변십단總遍十段이라 고전운故前云호대 작의관찰作意觀察이 라 한 것을 요약하여 말한 것이다.
215 논에 먼저 해석한 것을 따른다고 한 것은 아래 오온에 배대한 것을 상대한 까닭이다. 역시 『잡화기』의 말이다.

소의 다섯 가지이다.

約經而言인댄 思卽行蘊이요 想卽想蘊이요 寒熱飢渴은 是十一觸이
니 屬於色蘊이요 苦等受蘊이요 作意亦行이라 然이나 觸通身心이니
上約寒等이 必與心俱일새 故屬遍行거니와 今約身觸일새 故屬於色
이라 若爾인댄 身觸은 在五識地어늘 今何在意고 答이라 有三義故니
一은 由相應義니 謂意識與五가 有同緣境故요 二는 由意識用이 强
有彼同分緣故요 三은 由意識이 於極樂地에 有樂觸故며 於極苦趣에
有意苦故니라 上寒熱은 準知니라 上三義中에 前二는 約觸이요 後一
은 兼明於受니 寒是冷觸이요 熱卽火大니 能造觸也라 俱舍도 亦說此
之四觸이 亦是心所라하니 論云호대 食欲名飢요 煖欲名冷이요 飮欲
名渴이라하며 彼疏釋云호대 冷飢渴三은 是觸家果요 而非是觸이라하
얏거늘 今言觸者는 從果爲名이라 故論云호대 此皆因立果稱이라하니
釋曰煖欲名冷者는 熱準於冷인댄 冷熱相翻에 義亦有欲일새 故此四
種이 皆爲意業이라 後四是受者는 卽苦樂憂喜라 然聖敎說受호대 開
合不同하니 或總名受니 卽遍行數요 或分爲三하니 謂苦樂捨니라 唯
識論云호대 領順境相하야 適悅身心은 名爲樂受요 領違境相하야 逼
迫身心은 說名苦受요 領中容境相하야 於身於心이 非逼非悅은 名不
苦不樂受이라하니라 或分爲五하니 謂苦樂憂喜捨라 唯識論云호대
諸適悅受가 五識相應은 但名爲樂이요 意識相應이 若在欲界와 初二
靜慮의 近分인댄 名喜니 但悅心故요 若在初二靜慮의 根本인댄 名樂

---

216 各 자 아래 是 자는 연자衍字이다.

名喜니 悅身心故요 若在第三靜慮의 近分根本인댄 名樂이니 安靜尤
重하야 無分別故니라 諸逼迫受가 五識相應은 但名爲苦요 意識俱者
는 有義엔 唯憂니 逼迫心故요 有義엔 通二니 人天中者엔 但名爲憂니
非尤重故요 傍生鬼趣는 名憂名苦니 雜受純受가 有輕重故요 捺落
迦中엔 唯名爲苦니 純受尤重하야 無分別故라하니라 三中苦樂을 各
分二者는 論云호대 適悅身心이 相各異故며 由無分別과 有分別故며
尤重輕微가 有差別故라하니라 不苦不樂을 不分二者는 論云호대 非
逼非悅이 相無異故라하니라

이 경을 잡아 말한다면 생각은 곧 행온이요,

감상은 곧 상온이요,

차고 덥고 줄이고 목마른 것은 열한 가지 촉감(觸)이니[217] 색온에
속하는 것이요,

괴로운 등은 수온이요,

작의는 또한 행온이다.

그러나 촉감은 몸과 마음에 통하나니,

위에서는 차가운 등이 반드시 마음으로 더불어 함께함을 잡았기에
그런 까닭으로 변행심소에 배속하였거니와, 지금에는 신촉身觸을

---

217 열한 가지 촉감 운운은 십일색十一色 가운데 촉감은 이 일수一數이니 『대법수』
44권 초, 일一을 볼 것이다. 역시 『잡화기』의 말이다. 자세히 말하면 열한
가지 촉감은 신식身識으로 만들어 내는 열한 가지 감각이니 견堅·습濕·난煖·
동動·중重·경輕·활滑·삽澁·기飢·갈渴·냉冷이다. 『원각경』 초문에도 규봉
스님이 잘 설출하였으니 살펴볼 것이다.

잡았기에 그런 까닭으로 색온에 배속하였다.

만약 그렇다면 신촉은 마음으로 더불어 함께하기에 오식五識의 지위[218]에 있어야 하거늘 지금에는 어찌 의식에 있는가.

답하겠다.

세 가지 뜻이 있는 까닭이니

첫 번째는 상응하는 뜻을 인유한 것이니 말하자면 의식과 더불어 전오식이 동분同分의 인연 경계[219]가 있는 까닭이요

두 번째는 의식의 작용이 강하여[220] 피동분彼同分의 인연 경계가 있음을 인유한 까닭이요

세 번째는 의식이 극락지極樂地[221]에는 낙촉樂觸이 있는 까닭이며

---

218 오식의 지위(五識地)란, 신식身識은 전오식前五識 가운데 제오식第五識이고, 의식意識은 제육식第六識이다.

219 전오식이 동분同分의 인연 경계라고 한 것은 곧 동시의식同時意識이니, 『성유 식론』제오권 주에 말하기를 제육식이 반드시 전오식과 같이 추현경계(麤顯境)를 반연하여 촉觸·수受와 그리고 애愛·취取가 생기함이 있다 하였다. 역시 『잡화기』의 말이다. 동분이란 근·경·식이 화합하여 자기의 업을 짓는 것이니 곧 눈은 색을 반연하고 귀는 소리를 반연하는 등이다.

220 의식의 작용이 강하여 운운한 것은 저 『성유식론』제오권 주에 또한 말하기를 전오식이 각각 따로 경계를 알거니와 제육식은 다 전오식의 알 바라 하니, 그 뜻에 말하기를 전오식은 하열한 까닭으로 각자 경계를 반연하거니와 제육식은 작용이 강한 까닭으로 전오식의 반연할 바 경계를 모두 반연하는 것이다 하였다. 피동분이라고 한 피彼 자는 전오식을 가리키는 것이요, 분 자는 곧 경계이다. 역시 『잡화기』의 말이다. 피동분이란 근·경·식이 화합하지 않아 각자 업을 짓지 않는 것이니, 저 동분과 일부분 같기에 피동분이라 하는 것이다.

극고취極苦趣에는 의고意苦가 있음을 인유한 까닭이다.

위에 차고 덥다고 한 것은 이것을 기준하면 알 수가 있을 것[222]이다.

위에 세 가지 뜻 가운데 앞에 두 가지는 촉감을 잡은 것이요 뒤에 한 가지는 느낌(受)을 겸하여 밝힌 것이니,

찬 것은 냉촉冷觸이요

더운 것은 곧 화대火大이니 능히 조작하는 촉觸이다.

『구사론』에도[223] 또한 이 네 가지 촉감[224]이 역시 심소心所라고 설하였으니,

『구사론』에 말하기를 음식의 욕망을 기촉饑觸이라 이름하고, 더움의 욕망을 냉촉冷觸이라 이름하고, 마심의 욕망을 갈촉渴觸이라 하였으며,

저 구사 소문에 해석하여 말하기를 차고 주리고 목마르다 한 세 가지는 이것은 촉가觸家의 결과요[225] 이 촉觸이 아니다 하였거늘, 지금에 촉이라고 말한 것은 결과를 좇아 이름한 것이다. 그런 까닭으

---

221 극락지極樂地는 지위地位로 비유하면 초지初地인 환희지歡喜地이고, 극고취極苦趣는 삼악취三惡趣이다. 고苦와 락樂이 오식신五識身에 있지만 극고極苦와 극락極樂은 의식意識 중에 있다.

222 원문에 한열준지寒熱準知라고 한 것은 극한極寒과 극열極熱도 의식意識 중에 있다는 것이다.

223 『구사론』운운은 위에 심촉心觸의 뜻을 거듭 밝힌 것이다. 역시 『잡화기』의 말이다.

224 네 가지 촉감(四觸)은 한寒·열熱·기飢·갈渴이다.

225 촉가觸家의 결과라고 한 것은 몸에 닿은 연후에 차가운 등을 아는 까닭으로 촉觸은 이 원인이고 차가운 등은 이 결과이다. 역시 『잡화기』의 뜻이다.

로 『구사론』에 말하기를 이것이 다 원인에 결과의 이름을 세운 것이다 하였으니

해석하여 말하면 더움의 욕망을 냉촉이라 이름한다고 한 것은 더운 것을 찬 것에 비준한다면 차고 더운 것이 서로 번복함에[226] 그 뜻이 또한 욕망의 뜻이 있기에 그런 까닭으로 이 네 가지 촉감이 다 뜻의 업(意業)이 되는 것이다.

뒤에 네 가지는 느낌이라고 한 것은 곧 괴로운 느낌(苦受)과 즐거운 느낌(樂受)과 근심하는 느낌(憂愁)과 기뻐하는 느낌(喜受)이다. 그러나 성인의 가르침에 느낌(受)을 설하되 열고 합한 것이 같지 않나니[227]

혹은 모두 다 느낌(受)이라 이름하나니 곧 변행심소의 숫자요, 혹은 나누어 세 가지로 하였으니

말하자면 괴로운 느낌(苦受)과 즐거운 느낌(樂受)과 둘 다 떠난 느낌 (捨受)[228]이다.

『유식론』에 말하기를 순경계의 모습을 받아 몸과 마음이 기쁜 것은 이름을 즐거운 느낌이라 하고, 역경계의 모습을 받아 몸과 마음이 핍박한 것은 이름을 괴로운 느낌이라 말하고, 중용中容[229] 경계의

---

226 차고 더운 것이 서로 번복한다고 한 것은 응당 말하기를 차가움의 욕망을 더움이라 이름해야 할 것이다. 역시 『잡화기』의 말이다.
227 원문에 개합부동開合不同이라고 한 것은 개開하면 오수五受이고, 합合하면 삼수三受이다.
228 둘 다 떠난 느낌(捨受)은 불고불락수不苦不樂受이다.

모습을 받아 몸과 마음이 핍박하지도 않고 기뻐하지도 않는 것은
이름을 괴로운 것도 아니고 즐거운 것도 아닌 느낌이다 하였다.
혹은 나누어 다섯 가지로 하였으니[230]
말하자면 괴로운 느낌과 즐거운 느낌과 근심하는 느낌과 기뻐하는
느낌과 모두 떠난 느낌[231]이다.
『유식론』[232]에 말하기를 모든 기쁜 느낌(適悅受)[233]이 오식五識으로

---

229 중용中容은 괴로운 얼굴도 즐거운 얼굴도 아닌 중간 얼굴이다.

230 혹은 나누어 다섯 가지로 한다고 한 것은 『유식론』주에 말하기를 고苦를
    우憂로 나누고 낙樂을 희喜로 나누는 까닭이라 하였다. 역시 『잡화기』의
    말이다.

231 원문에 사수捨受는 보통 사수捨受는 불고불락수不苦不樂受라 하지만, 여기서
    는 불고불락不苦不樂·불우불희수不憂不喜受라고 보아야 할 것이다.

232 『유식론唯識論』은 『성유식론成唯識論』제오권이다.

233 모든 기쁜 느낌이라고 운운한 것은 『유식론』주에 말하기를 먼저 낙수樂受를
    밝힌 것은 저 몸과 마음에 차별의 뜻이 있는 때문이라 하였다. 역시 『잡화
    기』의 말이다.

『唯識論』云 諸適悅受 云云을 圖表하면 이렇다.

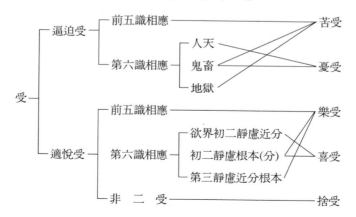

상응하는 것은 다만 이름을 즐거운 느낌이라 하고, 의식意識으로 상응하는 것이 만약 욕계와 색계의 처음 두 정려靜慮[234]의 근분정近分定[235]이 있다면 이름을 기쁜 느낌이라 할 것이니 다만 마음만 기쁜 까닭이요

만약 처음 두 정려의 근본정根本定[236]이 있다면 이름을 즐거운 느낌이라 할 것이며 이름을 기쁜 느낌이라 할 것이니 몸과 마음이 기쁜 까닭이요

만약 제 세 번째 정려靜慮의 근분정과 근본정이 있다면 이름을 즐거운 느낌이라 할 것이니 안정安靜이 더욱 중후하여 분별이 없는 까닭이다.

모든 핍박한 느낌(逼迫受)이[237] 오식으로 상응하는 것은 다만 이름을

---

234 정려靜慮는 색계사정려色界四靜慮니 혹은 색계사선色界四禪이라고도 한다.

235 근분정近分定이라고 한 것은 말하자면 이선二禪이 각각 삼천三天이 있으니 앞에 이천二天은 두루 만족함을 얻지 못한 까닭으로 근분정이라 이름하는 것이다. 그 다음 줄에 근본정이라고 말한 것은 각각 제삼천第三天이니 몸이 기쁜 것을 낙樂이라 이름하고 마음이 기쁜 것을 희喜라 이름하나니, 처음에 두 가지 정려는 비록 오직 희라고만 이름하지만 몸을 기쁘게 하는 까닭으로 또한 낙이라고도 이름하는 것이다. 제삼선의 근분정은 처음에 이선(정려)과 같나니, 비록 아직 묘락妙樂이 만족되지는 않았으나 그 지위 가운데는 저것을 기뻐하되 안정이 더욱 중후한 것을 또한 가히 낙이라 이름하는 것이다. 역시 『잡화기』의 말이다.

근분정近分定은 근본정根本定에 가까운 분이란 뜻이니, 색계사선色界四禪과 무색계사선無色界四禪에 각각 일정一定씩 있어 팔근분정八近分定이 있다.

236 근본정根本定은 색계사선色界四禪과 무색계사선無色界四禪까지 각각 일정一定씩 있으니 팔근본정八根本定이 있다.

외로운 느낌이라 하고, 의식으로 함께하는[238] 것은 어떤 뜻에는 오직
근심하는 느낌뿐이니[239] 마음이 핍박한 까닭이요

어떤 뜻에는 두 가지에 통하나니[240] 인간과 천상 가운데는 다만
이름을 근심하는 느낌이라 하나니 더욱 중후하지 않는 까닭이요
방생傍生[241]과 아귀취(鬼趣)는 이름을 근심하는 느낌이라 하며 이름
을 괴로운 느낌이라 하나니 잡된 느낌과 순수한 느낌[242]이 가벼운
것이 있고 무거운 것이 있는 까닭이요

날락가[243] 가운데는 오직 이름을 괴로운 느낌이라고만 하나니 순수한

---

237 모든 핍박한 느낌이라고 한 아래는 다음에 고수苦受의 몸과 마음이 다른
   뜻을 밝힌 것이니, 오음을 고라고 이름한 것은 이치에 어긋남이 없거니와
   의식을 고가 없다고 한 것은 그 뜻이 바른 해석이 아니니 고수苦受와 낙수樂受
   의 마음이 또한 통하는 까닭이다. 역시 『잡화기』의 말이다.

238 함께하는(俱) 것이란, 상응相應의 뜻이다.

239 어떤 뜻에는 오직 근심하는 느낌뿐이라고 한 것은 그 뜻에 말하기를 오직
   우수憂受뿐 고근苦根의 뜻이 없다는 것이다. 바로 아래 어떤 뜻에는 두
   가지에 통한다고 운운한 것은 『유식론』 주에 말하기를 이 뜻의 바른 뜻은
   의지意地에 고수가 있으며 또한 우수에도 통하는 까닭이니, 저 오취五趣
   가운데 차별이 있는 까닭이다. 인취와 천취에는 오직 우근憂根뿐이라고
   한 것은 더 중후하지 않는 까닭이요, 만약 방생취傍生趣와 그리고 아귀취餓鬼
   趣라면 잡수雜受(잡된 느낌)를 우수라 이름하고 순수純受(순수한 느낌)를 고수
   라 이름하나니, 경輕(잡수)과 중重(순수)을 가히 나누는 까닭이라 하였다.
   역시 『잡화기』의 말이다.

240 원문에 通二란, 우수憂受와 고수苦受이다.

241 방생傍生이란, 축생畜生이다.

242 원문에 잡수순수雜受純受라고 한 것은 잡수雜受는 가벼운 까닭으로 우憂가
   되고, 순수純受는 무거운 까닭으로 고苦가 된다.

느낌이 더욱 중후하여 분별이 없는 까닭이다 하였다.

세 가지 가운데[244] 괴로운 느낌과 즐거운 느낌을 각각 두 가지로 나눈 것은 『유식론』에 말하기를 몸과 마음이 핍박[245]하고 기뻐하는 것이 서로 각각 다른 까닭이며,

무분별과 유분별을 인유하는 까닭이며,

더욱 중후하고 가벼워 작은 것이 차별이 있는 까닭이다 하였다.

괴로운 느낌도 없고 즐거운 느낌도 없는[246] 것을 두 가지를 나누지

---

243 날락가라고 한 것은 여기에서 말하면 순고취純苦趣이니, 순수한 느낌(受)이 더욱 중후하여 오직 고수苦受라고만 이름하는 까닭이니 순수한 괴로움의 느낌을 증거하는 것은 오직 이 고근苦根뿐이다. 역시 『잡화기』의 말이다. 날락가捺落迦는 곧 지옥地獄이다.

244 세 가지 가운데라고 한 아래는 『유식론』 주에 말하기를 고수와 낙수를 각각 두 가지로 나눈 뜻을 해석한 것이니, 말하자면 몸이 핍박한 것을 고수라 이름하고 마음이 기쁜 것을 낙수라 이름하나니 무분별과 그리고 더욱 중후함을 인유한 까닭이며, 마음이 핍박한 것을 우수라 이름하고 마음이 깊은 것을 희수라 이름하나니 유분별과 그리고 가벼워 작은 것(輕微)을 인유한 까닭이다 하였다. 역시 『잡화기』의 말이다.

245 적適은 본론에 핍逼 자이다. 『잡화기』의 말이나, 이미 교정되어 있다.

246 원문에 사불고四不苦라 한 사四 자는 연자衍字이다. 『유식론』에는 없다. 괴로운 느낌도 없고 즐거운 느낌도 없다고 한 아래는 위에 사수捨受를 두 가지로 나누지 아니한 뜻을 해석한 것이다. 그러나 상래에 다만 낙수가 된다고 이름한 것과 다만 고수가 된다고 이름한 것과 다만 우수가 된다고 이름한 세 가지 단但 자는 본론에는 다 항恒 자로 되어 있다. 고사불고故四不苦라 한 사四 자는 본론에는 없고 초주鈔主가 뜻으로 더한 것이니, 故로 四니라 토이다. 역시 『잡화기』의 말이나 위에 四는 연자衍字라고 말한 것은 나의 말이다.

아니한 것은 『유식론』에 말하기를 핍박한 느낌도 없고 기쁜 느낌도 없는 것이 서로 다름이 없는 까닭이다 하였다.

疏

此中思等이 與意何別고 但思等心所가 有二義故니 一은 扶持心
王이니 屬前所攝이요 二는 依心起用이니 屬此位收라 故로 多從受
境以辨이라 若欲破者인댄 旣約遍行하야 通於三性일새 故非梵行
이라 餘準前知니라

이 가운데 생각(思) 등이 뜻(意)으로 더불어 어떻게 다른가.
다만 생각 등의 심소가 두 가지 뜻이 있는 까닭이니
첫 번째는 심왕心王[247]을 붙들어 가지는 것이니 앞[248]에 배속하여
섭수한 바요
두 번째는 심왕을 의지하여 작용을 일으키는 것이니 이 지위[249]에
배속하여 섭수한 것이다.
그런 까닭으로 다분히 느낌의 경계(受境)를 좇아 분별한 것이다.
만약 깨뜨리고자 한다면 이미 변행을 잡아[250] 삼성을 통석하였기에
그런 까닭으로 범행이 아니다.

---

247 심왕心王이란, 여기서 심왕心王은 의식意識이다. 심왕心王은 제육第六, 제칠第
七, 제팔식第八識이 있다.
248 앞이란, 영인본 화엄 6책, p.26, 의意이다.
249 이 지위(此位)란, 의식意識이다.
250 이미 변행을 잡았다고 한 것은 영인본 화엄 6책, p.34, 7행이다.

나머지는 앞[251]을 비준하면 알 수가 있을 것이다.

鈔

此中思等下는 問答揀濫이라 先問이니 以前意中에 有覺觀思惟하고 此中에도 亦有思想等故라 但思等下는 答이니 答意云호대 思等有二하니 一은 約體니 則扶持心王하야 同爲業具요 二는 約用이니 與王相應하야 同作業故라 言故多從受境以辨者는 釋此爲業之由니 謂業中十句에 想은 卽取境이요 寒等은 觸境이니 苦等은 受境이니 皆約境也니라 則此中思는 卽審慮決定이니 前雖有覺觀思惟나 多直語心故니라 意業十中에 思는 卽意業이니 能造業故요 想은 是意之加行이니 令意로 成業根本故요 次四는 觸數니 識合根境은 由業引故요 後四는 受數니 亦由業引故니라 此上은 皆業眷屬이니 成唯識云호대 業之眷屬도 亦立業名이라하니 卽其義也니라 若欲破는 可知라

이 가운데 생각 등이라고 한 아래는 묻고 답하여 넘치는 것을 가린 것이다.
먼저는 묻는 것이니,
앞에 뜻(意) 가운데 깨닫는 것과 관찰하는 것과 사유하는 것이 있고 이 가운데도 또한 생각하고 감상하는 등이 있는 까닭이다.
다만 생각 등의 심소라고 한 아래는 답한 것이니,
답한 뜻에 말하기를 생각 등에 두 가지가 있나니

---

251 앞이란, 영인본 화엄 6책, p.23, 9행, 어語·어업語業이다.

첫 번째는 자체를 잡은 것이니 곧 심왕을 붙들어 다 같이 업구業具를 삼는 것이요

두 번째는 작용을 잡은 것이니 심왕으로 더불어 상응하여 다 같이 업을 짓는 까닭이다.

그런 까닭으로 다분히 느낌의 경계(受境)를 좇아 분별하였다고 말한 것은 이것이 업이 되는 이유를 해석한 것이니,

말하자면 뜻의 업 가운데 열 구절에 생각은 곧 취경取境이요

차가운 등은 촉경觸境이요

괴로운 등은 수경受境이니,

다 경계를 잡은 것이다.

곧 이 가운데 생각은 곧 살펴 생각하여 결정하는 것이니

앞의 뜻(意)에 비록 깨닫는 것과 관찰하는 것과 사유하는 것이 있었지만 다분히 바로 마음을 말한 까닭이다.

뜻의 업(意業)의 열 구절 가운데 생각은 곧 뜻의 업이니 능히 업을 짓는 까닭이요

감상은 이 뜻(意)의 가행加行이니 뜻으로 하여금 업의 근본을 이루게 하는 까닭이요

다음에 네 구절[252]은 촉의 숫자(觸數)이니 육식이 육근과 육경에 화합하는 것은 업의 인도를 인유하는 까닭이요

뒤에 네 구절은 수의 숫자(受數)이니 또한 업의 인도를 인유하는

---

252 다음에 네 구절(次四)은 한寒, 열熱, 기飢, 갈渴이다.

까닭이다.

이 위에는 다 업의 권속이니

『성유식론』에 말하기를 업의 권속도 또한 업이라는 이름을 세운다

하였으니 곧 그 뜻이다.

만약 깨뜨리고자 한다면이라고 한 것은 가히 알 수가 있을 것이다.

經

若佛是梵行者인댄 爲色是佛耶아 受是佛耶아 想是佛耶아 行是
佛耶아 識是佛耶아 爲相是佛耶아 好是佛耶아 神通是佛耶아
業行是佛耶아 果報是佛耶아

만약 부처님이 이 범행이라고 한다면 색온이 이 부처님이 됩니까,
수온이 이 부처님이 됩니까,
상온이 이 부처님이 됩니까,
행온이 이 부처님이 됩니까,
식온이 이 부처님이 됩니까,
삼십이상이 이 부처님이 됩니까,
팔십종호가 이 부처님이 됩니까,
신통이 이 부처님이 됩니까,
업행이 이 부처님이 됩니까,
과보가 이 부처님이 됩니까.

疏

第七은 觀佛十事니 觀於三身이라 若依小乘인댄 初五法身이니 以
無漏戒等과 及眷屬의 無漏五蘊으로 爲法身故요 次二報身이니
以三祇百劫에 所修萬行으로 感相等故요 次一化身이니 神通化
現故요 業行은 通爲三身之因이요 果報는 通語三身之果라 若依

大乘인댄 前八은 皆是化身이요 後一報身이요 業行은 通語二身之
因이요 涅槃은 是果니 離繫果故며 菩提는 是報니 報本願故니라

제 일곱 번째는 부처님을 관찰하는 열 가지 일이니
삼신을 관찰하는 것이다.
만약 소승을 의지한다면 처음에 다섯 가지는 법신이니 무루계無漏戒
등과 그리고 권속의 무루오온으로써 법신을 삼는 까닭이요
다음에 두 가지는 보신이니 삼아승지백세월에 닦은 바 만행으로써
삼십이상 등을 감득한 까닭이요
다음에 한 가지는 화신이니 신통으로 화현한 까닭이요
업행은 모두 삼신의 원인이 되는 것이요
과보는 모두 삼신의 과보를 말한 것이다
만약 대승을 의지한다면 앞에 여덟 가지는 다 화신이요
뒤에 한 가지는 보신이요
업행은 모두 이신二身의 원인을 말한 것이요
열반은 결과이니 이계과離繫果[253]인 까닭이요
보리는 이 보報이니 본래의 서원을 갚는 까닭이다.

鈔

以無漏戒等者는 等取定慧解脫과 解脫知見이니 此從已轉으로 受名

---

[253] 이계과離繫果는 오과五果의 하나이니 오과는 1. 이숙과異熟果, 2. 등류과等流
果, 3. 이계과離繫果, 4. 사용과士用果, 5. 증상과增上果이다.

이니 廣如十藏品하니라 言及眷屬의 無漏五蘊者는 卽色受等이니 前
無漏戒等이 雖轉五成이나 而各取一하야 以爲其主일새 故今辨定慧
等이 同時心心所로 爲眷屬五蘊이라 以三祇等者는 三祇에 修成法身
하고 百劫에 修成三十二相과 八十種好라 次一化身이니 神通化現은
卽是化身이니 義兼萬類之化니라 若依大乘인댄 唯說二身이니 法身
은 卽是徵破에 所顯故니라

무루계 등이라고 한 것은 정과 혜와 해탈과 해탈지견을 등취한
것이니,
이것은 이미 전변함[254]을 좇아 이름을 받은 것이니 폭넓게 설한
것은 십장품과 같다.[255]
그리고 권속의 무루오온이라고 말한 것은 곧 색온과 수온 등이니,
앞에 무루계 등[256]이 비록 오온을 전변하여 이루어지지만 그러나
각각 하나씩을 취하여 그 주체를 삼기에[257] 그런 까닭으로 지금에
정과 혜 등이 동시에 심왕과 심소로 권속의 오온을 삼는 것을 분별한
것이다.

---

254 이미 전변한다(已轉)고 한 것은, 곧 오온을 전변轉變한다는 것(굴리다)이다.
255 십장품과 같다고 운운한 것은 운자권雲字卷 31장 하에 있다. 역시 『잡화기』의
　　말이다.
256 戒 자 아래에 等 자가 있어야 한다.
257 원문에 이각취일而各取一하야 이위기주以爲其主라고 한 것은 곧 색色은 계戒이
　　고, 수受는 정定이고, 상想은 혜慧이고, 행行은 해탈解脫이고, 식識은 해탈지견
　　解脫知見을 의미한다.

삼아승지백세월이라고 한 등은 삼아승지세월에 수행하여 법신을
이루고 일백세월에 수행하여 삼십이상과 팔십종호八十種好를 이루
는 것이다.
다음에 한 가지는 화신이니 신통으로 화현한 것이라고 한 것은
곧 이것은 화신이니 그 뜻이 만류의 화현도 겸하였다.
만약 대승을 의지한다면 오직 이신二身²⁵⁸만 설할 뿐이니,
법신은 곧 물어 깨뜨리는²⁵⁹ 곳에서 나타낼 바인 까닭이다.

疏

今一一推徵에 若一是佛인댄 餘者應非요 一一皆佛인댄 則有多
佛이요 和合成佛인댄 則無自性이리라

지금에 낱낱이 추징함에 만약 하나만 이 부처님이라고 한다면²⁶⁰
나머지는 응당 부처님이 아닐 것이요,
낱낱이 다 부처님이라고 한다면 곧 수많은 부처님이 있어야 할
것이요
화합하여 부처님을 이룬다고 한다면 곧 자성이 없을 것이다.

---

258 이신二身은 화신化身과 보신報身이다.
259 원문에 징파徵破는 곧 다음 줄 금일일추징今一一推徵 운운 이하이다.
260 원문에 약일시불若一是佛 운운은 한 문(一門)으로써 다른 문(異門)을 파破하고,
   낱낱이 다 부처님(一一皆佛)이라고 한 아래는 다른 문(異門)으로써 한 문(一門)
   을 파破하는 것이다.

鈔

今一一推徵者는 疏文有四라 一은 正破니 先은 一異門破요 後에 和合成下는 因緣門破라

지금에 낱낱이 추징한다고 한 것은 소문에 네 가지가 있다.[261]
첫 번째는 바로 깨뜨리는 것이니
먼저는 한 문과[262] 다른 문으로써 깨뜨리는 것이요
뒤에 화합하여 부처님을 이룬다고 한 아래는 인연문으로 깨뜨리는 것이다.

疏

故中論云호대 非陰不離陰이며 此彼不相在라 如來不有陰거니 何處有如來리요 陰合爲如來인댄 則無有自性이라하니 進退推求佛體寂滅이라

그런 까닭으로 『중론』[263]에 말하기를

---

261 원문에 유사有四란, 一에 정파正破와 二에 인증引證과 三에 차난遮難과 四에 결성結成이다.
262 한 문 운운은 네 가지 가운데 첫 번 가운데 첫 번째이다. 따라서 선先 자가 있는 것이 좋아 보증하여 번역하였다.
263 『중론中論』은 第二十二 관여래품觀如來品이니, 무유자성無有自性이라 한 아래에 약무유자성若無有自性인댄 운하인타유云何因他有리요 운운하였다.

여래는 오음에 있는 것도 아니고 오음을 떠난 것도 아니며
피차에 서로 있는 것도 아니다.
여래가 오음에 있지 않거니
어느 곳에 여래가 있겠는가.

오음이 화합한 것으로 여래를 삼는다면
곧 자성이 없을 것이다 하였으니,
나아가고 물러남에 부처님을 추구할지라도 부처님의 자체는 적멸한
것이다.

鈔

故中論下는 二에 引證이니 具證二義이라 先證一異니 初會已釋거니
와 今疏文有일새 當重略釋하리라 言非陰者는 卽陰이라도 不是如來
니 陰生滅故요 不離陰者는 離陰이라도 亦無如來니 無相知故라 此彼
不相在者는 三은 如來不在陰中이요 四는 陰不在如來中이니 此二가
皆由不異故라 五는 陰屬如來니 謂陰如童僕이라 故云如來不有陰이
라하니라 何處有如來는 結破也라 陰合下는 證上因緣門이니 謂若緣
合方生인댄 卽無自性故니라 進退推求者는 離陰別求가 爲退요 卽陰
合求가 爲進이나 並皆不可일새 故知體寂이라

그런 까닭으로 『중론』이라고 한 아래는 두 번째 인용하여 증거한
것이니

두 가지 뜻을 갖추어 증거한 것이다.

먼저는 한 문과 다른 문을 증거한 것이니,

초회에서 이미 해석하였거니와 지금 소문에 있기에 마땅히 거듭 간략하게 해석하겠다.

오음에 있는 것도 아니라[264]고 말한 것은 오음에 즉하여 있다 할지라도 여래가 아니니 오음은 생멸하는 까닭이요

오음을 떠난 것도 아니라[265]고 한 것은 오음을 떠난다 할지라도 또한 여래가 없나니 서로 알 수 없는 까닭이다.

피차에 서로 있는 것도 아니라고 한 것은 세 번째는 여래가 오음 가운데 있지 않다는 것이요

네 번째는 오음이 여래 가운데 있지 않다는 것이니

이 두 가지가 다 다르지 아니함을 인유한 까닭이다.

다섯 번째는 오음이 여래에 속하는 것이니,

말하자면 어린 종과 같은 것이다. 그런 까닭으로 말하기를 여래가 오음에 있지 않다고 하였다.

어느 곳에 여래가 있겠는가 한 것은 맺어서 깨뜨리는 것이다.

오음이 화합한 것으로 여래를 삼는다고 한 아래는 위[266]에 인연문을 증거한 것이니,

말하자면 만약 인연이 화합하여 바야흐로 생기한다면 곧 자성이 없는 까닭이다.

---

[264] 원문에 비음非陰은 第一이다.

[265] 원문에 불리음不離陰은 第二이다.

[266] 위란, 영인본 화엄 6책, p.43, 3행이다.

나아가고 물러남에 부처님을 추구한다고 한 것은 오음을 떠나 따로
구하는 것이 물러남이 되고, 오음에 즉하여 화합하여 구하는 것이
나아감이 되는 것이지만 모두 다 옳지 않기에 그런 까닭으로 부처님
의 자체가 적멸한 줄 알아야 하는 것이다.

疏

尚非是有어니 豈當是無리요 邪見深厚者는 則說無如來나 諸法
性空中엔 思惟亦不可라하니라

오히려 있지도 않거니 어찌 마땅히 없다고 하겠는가.
사견邪見[267]이 깊고 두터운 사람은
곧 여래가 없다고 말하지만
모든 법의 자성이 공한 가운데는
사유하는 것도 또한 옳지 않다 하였다.

---

[267] 사견邪見이라고 한 아래는 『중론中論』 관여래품觀如來品이다. 具云하면 邪見
深厚者는 則說無如來라하고 如來寂滅相을 分別有亦非라하나 如是性空中
엔 思惟亦不可니 如來滅度後에 分別於有無라하니라. 번역하면 사견이 깊고
두터운 사람은 / 곧 여래가 없다고 말하고 / 여래의 적멸한 모습을 / 분별하여
있다 또한 없다 하지만 / 이와 같이 성공性空 가운데는 / 사유하는 것도
또한 옳지 않나니 / 여래가 멸도한 뒤에 있다 없다 분별할 뿐이다 하였다.

鈔

尙非是有者는 第三에 遮難이니 難云호대 若爾인댄 應無如來니 便墮
斷見이라할새 故今遮云호대 邪見有二하니 謂有爲淺이요 謂無爲深이
라 破汝淺邪어니 何墮深壑이리요 皆中論文이니 並如上引하니라

오히려 있지도 않다고 한 것은 제 세 번째 비난을 막는 것이니,
비난하여 말하기를 만약 그렇다고 한다면 응당 여래가 없다는 것이
니 문득 단견에 떨어진 것이다 하기에 그런 까닭으로 지금에 막아
말하기를 사견에 두 가지가 있나니,
있다고 말하는 것은 얕은 사견이 되고 없다고 말하는 것은 깊은
사견이 된다. 저들의 얕은 사견을 깨뜨리는 것이어니 어찌 단견의
깊은 구덩이에 떨어지겠는가.
다 『중론』[268]의 문장이니 모두 위에서 인용한 것과 같다.

疏

是知眞佛은 旣超心境하니 依斯成行인댄 行豈相耶아

이에 알아라. 참다운 부처님은 이미 마음과 경계를 초월하였나니
이것을 의지하여 범행을 이룬다면 범행이 어찌 모습이겠는가.

---

[268] 『중론中論』이라고 한 것은 관여래품觀如來品이다.

鈔

是知眞佛下는 第四에 結成이니 法身顯矣라

이에 알아라. 참다운 부처님이라고 한 아래는 제 네 번째 맺어서
성립한 것이니
법신이 나타난다는 것이다.

經

若法是梵行者인면 爲寂滅是法耶아 涅槃是法耶아 不生是法耶
아 不起是法耶아 不可說是法耶아 無分別是法耶아 無所行是法
耶아 不合集是法耶아 不隨順是法耶아 無所得是法耶아

만약 법이 이 범행이라고 한다면 적멸이 이 법이 됩니까,
열반이 이 법이 됩니까,
나지 않는 것이 이 법이 됩니까,
일어나지 않는 것이 이 법이 됩니까,
가히 말할 수 없는 것이 이 법이 됩니까,
분별이 없는 것이 이 법이 됩니까,
행할 바가 없는 것이 이 법이 됩니까,
화합하여 모이지 않는 것이 이 법이 됩니까,
수순하지 않는[269] 것이 이 법이 됩니까,
얻을 바가 없는 것이 이 법이 됩니까. (지금에는 북장경을 의지하여
증정하였다.)

疏

第八은 觀法이니 但有八句者는 應梵本脫漏라 豈餘九皆十이어늘

---

[269] 수순하지 않는다고 한 것은 이理로써 말한 즉 허망한 법으로 더불어 상응하지
않는 것이요, 행行으로써 말한 즉 육진의 경계로 더불어 서로 수순하는
까닭이다. 역시 『잡화기』의 말이다.

此獨八耶아 若約有所表者인댄 表除九十八使故며 加十總觀인댄
破百八煩惱故니라

제 여덟 번째는 법을 관찰하는 것이니
다만 여덟 구절만 있는 것은 응당 범본이 빠진 것이다.
어찌 나머지 아홉 단이 다 열 구절이 있거늘 이 단만 유독 여덟
구절이 있겠는가.
만약 표하는 바가 있음을 잡는다면 구십팔사九十八使를 제멸함을
표하는 까닭이며,
열 구절을 더하여 모두 관찰한다면[270] 백팔번뇌百八煩惱를 깨뜨리는
까닭이다.

疏

然이나 法有敎理行果어늘 今就後三이니 略能詮故니라 八中에 初
一理法이요 次一果法이요 餘六通三이니 約理可知라 約行者는 謂
不善不生이며 妄想不起며 言語道斷이며 智無分別이며 定無行處
며 如智兩冥이니 此六究竟은 卽是果相이라

그러나 법에는 교·리·행·과가 있거늘 지금에는 뒤에 세 가지에만
나아가 말한 것이니

---

270 원문에 가십총관加十總觀이란, 이 단 여덟 구절(此段八句) 외에 다시 일단一段
의 열 구절(十句)이 더 있다는 것이다.

능전의 교教는 생략한 까닭이다.

여덟 구절 가운데 처음에 한 구절은 이법理法이요

다음에 한 구절은 과법果法이요

나머지 여섯 구절은 세 가지 법에 통하나니,

이법理法을 잡은 것은 가히 알 수가 있을 것이다.

행법을 잡은 것은 말하자면 불선不善을 생기할 것이 없으며

망상을 일으킬 것이 없으며

언어의 길이 끊어졌으며

지혜가 분별할 곳이 없으며

선정이 행할 곳이 없으며

진여와 지혜가 둘이 명합한 것이니,

이 여섯 구경究竟은 곧 과상果相이다.

鈔

不善不生者는 約理인댄 則法本不生이요 約行인댄 則無不善可生이니 故淨名經云호대 不善不生이요 善法不滅이라하니라 餘義可知라

불선을 생기할 것이 없다고 한 것은 이법理法을 잡는다면 곧 법이 본래 생기한 적이 없는 것이요

행법을 잡는다면 곧 불선을 가히 생기할 것이 없는 것이니, 그런 까닭으로 『정명경』에 말하기를 불선이 생기한 적도 없고 선법이 사라진 적도 없다 하였다.

나머지 뜻은 가히 알 수가 있을 것이다.

疏

今推徵云호대 若一是法인댄 餘則應非니 一一皆爾니라 若謂總是
인댄 則和合不實이니 隨得一法하야 卽應得餘이라 和合而成인댄
則無和合이요 若以無合으로 而爲法者인댄 無合之法이 豈當有耶
아 又此擧法호대 皆擧寂滅과 不生等者는 欲明一一自虛니라 法卽
非法이거니 梵行何從이리요

지금에 추징하여 말하기를 만약 하나만이 이 법이라고 한다면 나머
지는 곧 응당 법이 아닐 것이니 낱낱이 다 그렇다.[271]
만약 말하기를 다 이 법이라고 한다면[272] 곧 화합하여 진실이 아닐
것이니,
하나의 법을 얻음을 따라 곧 응당 나머지 법을 얻기 때문이다.
화합하여 이루어진다고 한다면[273] 곧 화합이 없을 것[274]이요

---

271 원문에 일일개이一一皆爾는 낱낱이 다 만약 하나만이 이 법이라고 한다면
나머지는 곧 응당 법이 아닐 것이라는 뜻이다.
272 원문에 약위총시若謂總是는 위에 낱낱이 다 부처님이라고 한다면이라고
한 예와 같다. 즉 영인본 화엄 6책, p.43, 1행에 일일개불一一皆佛인댄 즉유다
불則有多佛이라 하였다.
273 원문에 화합이성和合而成 운운은 화합하여 법이 이루어졌다면 화합하기
이전에는 원래 법이 없었거니 무엇을 잡아 화합한다 하겠는가.
274 곧 화합이 없을 것이라고 한 것은 『잡화기』에 말하기를 이미 화합하여

만약 화합이 없는 것으로써 법을 삼는다면 화합이 없는 법이 어찌
마땅히 있겠는가.

또 여기에서 법을 거론하되 다 적멸과 불생不生 등을 거론한 것은
낱낱이 다 허망함을 밝히고자 한 것이다.

법이 곧 법이 아니거니 범행이 어느 곳으로 좇아오겠는가.[275]

鈔

今推徵下는 後明觀相이니 亦是一異와 因緣門破라 若以無合下는
遮救니 救云호대 卽此無合이 是眞法矣일새 故今答云호대 豈當有耶
아하니라 後에 又此擧下는 就文顯意라

지금에 추징하여 말하였다고 한 아래는 뒤에 관찰하는 모습을 밝힌
것이니,

또한 이것은 일이문一異門과 인연문因緣門으로 깨뜨린 것이다.

만약 화합이 없는 것으로써 법을 삼는다면이라고 한 아래는 구원함
을 막는 것이니,

구원하여 말하기를 곧 이것은 화합이 없는 것이 참다운 법이다
하기에 그런 까닭으로 지금에 답하여 말하기를 어찌 마땅히 있겠는

이루어졌다고 말한 까닭으로 진실로 화합할 법이 없다고 말하는 것이다.
역시 『잡화기』의 말이다.

275 원문에 범행하종梵行何從이란, 영인본 화엄 6책, p.70, 3행에 범행종하처래梵
行從何處來라고 한 것이다.

가 하였다.

뒤에 또 여기에서 법을 거론하되라고 한 아래는 경문에 나아가
뜻을 나타낸 것이다.

經

若僧是梵行者인댄 爲預流向是僧耶아 預流果是僧耶아 一來向
是僧耶아 一來果是僧耶아 不還向是僧耶아 不還果是僧耶아 阿
羅漢向是僧耶아 阿羅漢果是僧耶아 三明是僧耶아 六通是僧
耶아

만약 스님이 범행이라고 한다면 예류과에 향해 가는[276] 이가 이
스님이 됩니까,
예류과를 얻은 이가 이 스님이 됩니까.
일래과에 향해 가는 이가 이 스님이 됩니까,
일래과를 얻은 이가 이 스님이 됩니까.
불환과에 향해 가는 이가 이 스님이 됩니까,
불환과를 얻은 이가 이 스님이 됩니까.
아라한과에 향해 가는 이가 이 스님이 됩니까,
아라한과를 얻은 이가 이 스님이 됩니까.
삼명을 얻은 이가 이 스님이 됩니까,
육통을 얻은 이가 이 스님이 됩니까.

---

276 원문에 예류향預流向이라 한 向은 예류과에 나아가는 동안을 말함이다.
즉 예류과를 얻기 위한 과정에 있는 사람이다.

疏

第九는 觀僧十事니 前八約人이요 後二就德이라 且依小說인댄 言預流者는 始超凡地하야 預聖流故요 一來者는 修惑未盡하면 一度來生欲界中故요 不還者는 欲界惑盡하면 更不還來生欲界故요 阿羅漢者는 此有三義하니 一은 名殺賊이니 已斷一切의 諸煩惱故요 二는 名不生이니 三界之生이 永已盡故요 三은 名爲應이니 應受人天의 大供養故라 有四向者는 向於果故니 謂斷三界見惑이 有十六心하니 至第十五道類忍時면 名初果向이요 至第十六하야 卽入修道면 名須陀洹果라 欲界修惑을 分爲九品하나니 斷至五면 二向이요 斷六하면 一來果며 斷七과 或八品하면 名第三果向이요 九品全斷하면 盡卽得不還果며 次斷上二界의 修惑하야 乃至有頂의 八品惑盡하면 名阿羅漢向이요 三界의 見修都盡하면 得阿羅漢果니라 今此欲明梵行코자하야 粗陳名目거니와 若廣引婆沙俱舍와 雜集瑜伽인댄 則淸淨梵行이 有累名數니 力有餘者는 付在說時하노라

제 아홉 번째는 스님을 관찰하는 열 가지 일이니
앞에 여덟 가지는 사람을 잡아 말한 것이요
뒤에 두 가지는 공덕에 나아가 말한 것이다.
우선[277] 소승에서 말한 것을 의지한다면 예류라고 말한 것은 처음

---

277 원문에 且依라는 글자 위에 今初 두 글자(二字)가 있으면 좋다.

범부의 지위를 뛰어넘어 성인의 무리에 참예한 까닭이요
일래라고 한 것은 수혹修惑이 다하지 아니하면 한 번은 욕계 가운데
와서 태어나는 까닭이요
불환이라고 한 것은 욕계의 수혹이 다하면 다시는 욕계에 와서
태어나지 않는 까닭이요
아라한이라고 한 것은 여기에 세 가지 뜻이 있나니
첫 번째는 이름이 살적이니 이미 일체 모든 번뇌를 끊은 까닭이요
두 번째는 이름이 불생이니 삼계에 태어나는 것이 영원히 마쳐
다한 까닭이요
세 번째는 이름이 응공이 되나니[278] 인간과 천상의 큰 공양을 응당
받을 만한 까닭이다.

사향四向이 있는 것은 사과四果에 향해 가는 까닭이니,
말하자면 삼계에 견혹을 끊는 것이 열여섯 마음이 있나니 제 열다섯
번째 마음의 도류인道類忍에 이를 때면 이름을 처음 수다원과에
향해 가는 것이라 하고, 제 열여섯 번째 마음에 이르러 곧 수도위에
들어가면 이름을 수다원과라 하는 것이다.
욕계의 수혹을 나누어 구품으로 하나니
끊어서 제오품에 이르면 제 두 번째 일래과에 향해 가는 것이라
하고, 제육품을 끊으면 일래과라 하며
제칠품을 끊거나 혹 제팔품을 끊으면 이름을 제 세 번째 불환과에

---

278 원문에 위응爲應이라 한 아래에 供 자가 있으면 좋다.

향해 가는 것이라 하고, 구품 전체를 끊어 다하면 곧 불환과를
얻었다 하며

다음에 위에 두 세계[279]의 수혹을 끊어 내지 유정천有頂天[280]의 팔품혹
八品惑을 끊어 다하면 이름을 아라한과에 향해 가는 것이라 하고,
삼계의 견도혹과 수도혹을 모두 끊어 다하면 아라한과를 얻었다
하는 것이다.

지금 여기에서는 범행을 밝히고자 하여 대강 명목만을 진술하였거니
와 만약 『비바사론』과 『구사론』과 『잡집론』과 『유가론』을 폭넓게
인용한다면 곧 청정 범행이 명수名數에 누가 됨이 있나니[281] 여력이
있는 사람은 이 명수를 설할 때에 찾아보기를 부탁한다.

鈔

且依小說者는 大乘도 亦有四果故라 言預流者는 俱舍云호대 諸無漏
道를 總名爲流라하니 初預此流일새 故名預流니 謂斷見道의 煩惱盡
하야 忍智具足故니라 一來者는 欲界九品煩惱가 能潤七生거늘 已斷
六故니 次下는 當知라 謂斷三界의 見惑者는 不同修惑의 分三界別하

---

279 위에 두 세계(上二界)는 색계色界와 무색계無色界이다.
280 유정천有頂天은 비상비비상천非想非非想天이니 삼계구지三界九地 가운데 제
    구지第九地이다.
281 명수名數에 누가 됨이 있다고 한 것은 곧 여기에서 말하고 있는 사과四果에
    단혹斷惑 등의 명수名數가 맞지 않다는 것이다. 혹 여러 명수가 있나니로
    번역하기도 한다.

야 一時斷故니라 言十六心者는 卽苦法忍과 苦法智와 苦類忍과 苦類
智와 集法忍과 集法智와 集類忍과 集類智와 滅法忍과 滅法智와 滅類
忍과 滅類智와 道法忍과 道法智와 道類忍과 道類智가 爲十六心이니
謂觀欲界苦이 有苦法忍과 苦法智하고 觀上二界가 名苦類忍과 苦類
智니 餘三亦然일새 故有十六하니라 夫言見道는 見未曾見이니 道類
忍中에 已見上苦니라 故로 第十六은 不名見道하고 便入修道니라 廣
說其相은 如迴向品하니라 欲界修惑者는 亦俱舍文이나 合其二處偈
文이니 一云호대 依十五心位하야 建立衆聖者는 具修惑斷一하고 至
五向初果요 斷次三向二요 斷八地向三이라하니라 次論云호대 次依
修道의 道類智時에 建立衆聖이 有差別者는 頌曰호대 至第十六心하
야 隨三向住果라하니 上皆二十三論이라

우선 소승에서 말한 것을 의지한다고 한 것은 대승도 또한 사과四果가
있는 까닭이다.

예류라고 말한 것은 『구사론』에 말하기를 모든 무루도를 모두 이름
하여 무리(流)라 한다 하였으니,
처음 이 무리에 참예하였기에 그런 까닭으로 이름을 예류라 하나니
말하자면 견도見道의 번뇌를 끊어 다하여 인忍과 지智를 구족한
까닭이다.

일래라고 한 것은 욕계의 구품 번뇌가 능히 칠생七生을 윤택케 하거늘
이미 육품을 끊은 까닭이니,

다음 아래[282]는 마땅히 알 수가 있을 것이다.

말하자면 삼계의 견혹을 끊는다고 한 것은 수혹을 삼계에서 나누어 따로 끊는다고 한 것과는 같지 아니하여 일시에 끊는 까닭이다.

열여섯 가지 마음이라고 말한 것은 곧 고법인과 고법지와

고류인과[283] 고류지와

집법인과 집법지와

집류인과 집류지와

멸법인과 멸법지와

멸류인과 멸류지와

도법인과 도법지와

도류인과 도류지가 열여섯 마음이 되나니,

말하자면 욕계의 고통(苦)을 관찰하는 것이 고법인과 고[284]법지가 있고, 위에 두 세계[285]를 관찰하는 것이 이름이 고류인과 고[286]류지

---

282 다음 아래(此下)란, 아나함과 아라한이다.

283 고법인과 고법지와 고류인이라 운운한 것은 여기에 두 가지 해석이 있나니 첫 번째는 능취와 소취를 관찰함을 의지하여 이름을 세운 것이요, 두 번째는 세 줄 뒤에 위에 두 세계를 관찰한다고 한 아래에 경계를 의지하여 이름을 세운 것이니, 그러나 지금에는 뒤에 해석을 쓴 것이다. 결자권結字卷 하권 36장, 37장을 볼 것이다. 천태교의 주에 말하기를 세제일世第一 뒤에 고인苦忍 등 십육 찰나刹那의 마음을 생기한다 하였다. 역시 『잡화기』의 말이다.

284 忍 자 아래에 苦 자가 있는 것이 좋다.

285 위에 두 세계(上二界)는 색계色界와 무색계無色界이다.

286 忍 자 아래에 苦 자가 있는 것이 좋다.

이다.

나머지 세 가지[287]도 또한 그러하기에 그런 까닭으로 열여섯 가지 마음이 있는 것이다.

대저 견도라고 말한 것은[288] 일찍이 보지 못한 것을 본 것이니 도류인道類忍[289] 가운데 이미 위에 고苦를[290] 본 것이다.

그런 까닭으로 제 열여섯 번째 마음은 견도라 이름하지 않고 수도위에 편입하는 것이다.[291]

---

287 나머지 세 가지(餘三)라고 한 것은 집集, 멸滅, 도道이다.

288 대저 견도라고 말한 것은 운운한 것은 담자권淡字卷 하권 27장을 볼 것이다. 또 천태교의 주에 말하기를 『성유식론』에 밝히기를 견도위가 열여섯 가지 마음이 있나니 곧 처음 수다원과이고 사다함·하나함의 이과二果는 수도위가 된다 하며, 『아비담론』에 밝히기를 견도위가 열다섯 가지 마음이 있고 수도위가 열여섯 가지 마음이 있나니 견도위가 열다섯 가지 마음이 있다고 한 것은 처음 마음을 잡아 설한 것이고, 견도위가 열여섯 가지 마음이 있다고 한 것은 뒤에 마음을 의거하여 설한 것이니 수도위도 또한 그러한 것이다 하였다. 역시 『잡화기』의 말이다.

289 도류인道類忍은 제십오심第十五心이다.

290 위에 고苦라고 한 것은 위에 두 세계(색계와 무색계)의 고통이니 바로 앞에 위에 두 세계를 관찰하는 것이 이름이 고류인과 고류지라 하였으니 비견하여 볼 것이다.

291 수도위에 편입하는 것이라고 한 것은 저 『구사론』에 말하기를 앞에 열다섯 가지 찰나의 마음은 다 견도위에 섭속하는 것이니 일찍이 보지 못한 진리를 본 까닭이요, 제 열여섯 번째 마음인 도류지에 이를 때에 한 진리도 보지 못함이 없는 것이니, 지금에 보는 것이 일찍이 닦아 익힌 경계와 같은 까닭으로 수도위에 섭속한다 하였다. 역시 『잡화기』의 말이다.

그 모습을 폭넓게 설한 것은 십회향품과 같다.[292]

욕계의 수혹이라고 한 것은 또한『구사론』의 문장이지만 두 곳의
게송문[293]을 합한 것이니,
첫 번째는 말하기를 제 열다섯 번째 심위心位를 의지하여[294]
수많은 성인을 건립하는 것은
욕계의 수혹에 갖추어 일품을 끊고
제오품에 이르면 처음 수다원과에 향해 가는 것이라 하고,
다음에 삼품을 끊으면 제 두 번째 일래과에 향해 가는 것이라 하고,
제팔지[295]에서 제팔품을 끊으면 제 세 번째 불환과에 향해 가는

---

292 십회향품과 같다(如回向品)고 한 것은 금자권金字卷 하下, 22장, 上面에 있다.
293 두 곳의 게송문이라고 한 것은 곧 세 줄 뒤에 있는 이십삼론의 게송문과
   네 줄 뒤에 있는 이십사론의 게송문이다. 이십삼론은 곧 비록 삼향三向과
   삼과三果를 세운 것이 있으나 지금에 인용할 바는 아니지만 다만 의세義勢가
   흡사 같은 까닭으로 합하여 이끌어온 것이다. 역시『잡화기』의 말이다.
   엄격하게는 세 곳이니 바로 아래 3행과 6행과 9행이다.
294 제 열다섯 번째 심위心位를 의지한다 운운한 것은 이것은 보통 학설과
   다르나니, 견도위의 열다섯 가지 마음 가운데 삼계의 견혹을 끊고 분을
   따라 다시 앞에 팔지의 수혹을 끊어 삼과(수다원·사다함·아나함)에 향해
   가는 것이니, 그런 까닭으로『구사론』장행문에 말하기를 곧 두 성자가
   수혹을 갖추어 끊는 것이 다름이 있음을 인유하기에 세 가지 향해 감(三向)을
   세우고 낱낱이 다 말하기를 이 견도위 가운데 이르러서 초과初果에 향해
   간다 이름한 것은 초과에 나아가는 까닭이요, 제이과第二果에 향해 간다
   이름한 것은 제이과에 나아가는 까닭이다 한 등이라 하였으니, 나머지는
   금자권金字卷 하권 21장, 22장을 볼 것이다. 역시『잡화기』의 말이다.

것이라 하였다.

다음 논에 말하기를 다음에 수도위의 도류지[296]를 의지할 때에 수많은 성인을 건립하는 것이 차별이 있다고 한 것은 게송에 말하기를

제 열여섯 번째 심위에 이르러

세 가지 향해 감(三向)을 따라[297] 세 가지 과위(三果)[298]에 머문다 하였으니,

이상의 말은 다 『구사론』 제이십삼론이다.

---

295 팔지八地는 地 자를 品 자로 고치면 소문疏文처럼 쉬우나 삼계구지三界九地 가운데 제팔지第八地인 무소유처지無所有處地에서 제팔품第八品 수혹修惑을 끊기에 단팔지斷八地라 한 것이니 깊은 뜻이 있다. 본론本論에는 離 자로 되어 있으나, 청량스님이 斷 자를 쓴 것은 의미가 심장하다 하겠다.

296 도류지는 제십육심第十六心이다. 類 자 위에 道 자가 있는 것이 좋다.

297 세 가지 향해 감(三向)을 따라 운운한 것은 저 『구사론』 장행문에 해석하여 말하기를 곧 앞에 믿음을 따르고 법을 따르는 수행자가 제 열여섯 번째 도류지의 마음에 이르러 과果에 머문다고 이름한다면 다시 향向이라 이름할 수 없기에 앞에 세 가지 향해 감(三向)을 따라 지금의 삼과三果에 머문다 한 것이니, 말하자면 예류향向은 지금 예류과에 머물고 앞에 일래향은 지금의 일래과에 머물고 앞에 불환향(아나함이니 불래不來라고도 한다)은 지금에 불환과에 머무는 것이다 하였다. 아라한이 없는 것은 『구사론』에 말하기를 아라한 은 반드시 초과初果를 얻을 것이 없나니 견도위에서 수도혹 끊음을 용납하지 않는 까닭이며, 수도위에서 유정천(비상비비상처천)을 떠남을 용납하지 않는 까닭이다. 과果에 머무는 지위(住果位)에 이르러 두 가지 이름을 버리고 얻는 것이 말하자면 다시 믿음을 따르고 법을 따르는 수행자라 이름할 수 없고, 전전히 봄을 얻어 믿고 이해(信과 解)하는 두 가지 이름에 이르는 것이다 하였다. 역시 『잡화기』의 말이다.

298 원문에 三向三果는 아라한을 제외한 것이다.

此下第二十四論云호대 已辨住果나 未斷修惑이 名爲預流어니와 生
極七反을 今次應辨하리라 斷位衆聖을 且應建立인댄 一來向果니 頌
曰호대 斷欲三四品하면 三二生家家요 斷至五二向이요 斷六一來果
라하니라 釋曰初二句는 明家家니 謂預流가 進斷修惑에 若三緣具면
轉名家家니 一은 由斷欲의 修惑三四品故요 二는 由成無漏根故요
三은 由更受三二生故라 頌中엔 略無成根之言하니 以理合有나 略故
不說하니라 若斷三品하면 名受三生이요 若斷四品하면 名受二生이니
謂九品惑이 能潤七生하나니 且上上品惑은 能潤兩生하고 上中上下
中上은 各潤一生하고 中中中下는 共潤一生하고 下三品惑은 共潤一
生이라 旣上三品에 能潤四生일새 故斷上三하면 四生已損일새 名受
三生이요 更斷中上一品하면 復損一生일새 故斷四品하면 總損五生
하야 但受二生이니 故云호대 三二生家家也라하니라 所以無斷一二
品惑하면 名家家者는 以得初果하야 起大加行일새 必無斷一二어니
와 不斷第三하면 有死生者니라 亦無斷五生家家者는 由斷第六하야
卽證一來니 無一品惑이 能障於果故니라 若無一品이 能障果者인댄
何以로 有斷八品하고 未斷第九하면 而有死生고 答이라 第九一品은
一者는 斷竟得果요 二者는 復超欲界일새 故此第九가 能障於果어니
와 六不超界일새 故不障果니라 言家家者는 家不一故라 家家有二하
니 一은 天家家니 或於欲天에 受三二生이요 二는 人家家니 卽於人中
에 受三二生하고 後證圓寂故니라 已釋上半이라 下半은 明其向果니
旣斷六品하고 得於一來일새 故斷下五하면 名趣向第二니라

이 아래[299] 제이십사론에 말하기를[300] 이미 예류과에 머물고 있지만

아직 수혹을 끊지 못한 것이 이름이 예류과가 됨을 분별하였거니와 생이 다함에 일곱 번 생사에 반복함[301]을 지금에 차례로 응당 분별하겠다.

끊어가는 지위에 수많은 성인을 또한 응당 건립한다면 일래과에 향해 가고 일래과에 머무는(一來向果) 것이니,

게송에 말하기를 욕계의 제삼품과 제사품을 끊으면 삼생·이생을 가가家家[302]에 태어나는 것이라 하고,

---

299 이 아래(此下)란, 이십삼론二十三論 이 아래(此下)이다.

300 제이십사론에 말하기를 운운한 아래는 이것은 보통의 학설과 같나니, 이 둔근자鈍根者를 밝힌 것이다. 이미 예류과에 운운한 것은 앞에 말을 맺는 것이고, 그 아래 생이 다함에 운운한 것은 뒤에 말을 생기하는 것이다. 저『구사론』차전次前에 말하기를 일체 지위에서 수행하여 끊을 바 번뇌(惑)를 다 끊지 못한 때를 예류라 이름하는 것이니 생이 다함에 생사에 일곱 번 반복하는 것이다. 일곱 번 반복한다고 말한 것은 일곱 번 왕반往返하는 생을 나타낸 것이니, 이것은 인간과 천상 가운데 각각 일곱 번 태어난다는 뜻이다. 다한다(極)는 말은 수생受生의 최다最多를 나타내기 위한 말이니, 모든 예류의 성자가 다 일곱 번 생사에 왕반함을 받는 까닭이다. 그 뜻에 말하기를 이미 과果에 머무름(住果)을 분별함에 아직 수혹을 끊지 못한 것은 예류라 이름한다고 밝혔다면, 생이 다함에 일곱 번 생사에 반복하여야 그 수혹을 끊는 까닭으로 말하기를 생이 다함에 일곱 번 생사에 반복함을 지금에 차례로 응당 분별하겠다 운운한 것이다. 건립"인댄" 토이다. 역시 『잡화기』의 말이다.

301 일곱 번 생사에 반복한다고 한 것은 칠반생사七反生死로 예류과預流果의 성자가 거치는 과정이다.

302 가가家家는 두 가지 종류가 있다(有二種). 1. 천가가天家家, 2. 인가가人家家이다.

끊어서 제오품에 이르면 제 두 번째 일래과에 향해 가는 것이라 하고,

제육품을 끊으면 일래과라 하였다.

해석하여 말하면 처음에 두 구절은 가가家家를 밝힌 것이니,

말하자면 예류의 성자가 나아가 수혹을 끊을 때에 만약 세 가지 인연을 갖춘다면 전변하여 가가라 이름하나니[303],

첫 번째는 욕계의 수혹인 제삼품과 제사품을 끊음을 인유한 까닭이요

두 번째는 무루근을 이룸을 인유한 까닭이요

세 번째는 다시 삼생·이생을 받아 남을 인유한 까닭이다.

게송 가운데는 무루근을 이룬다는 말은 생략되어 없나니,[304]

이치로 보면 합당히 있어야 할 것이지만[305] 생략되어 없는 까닭으로 설하지 않는다.

---

303 전변하여 가가라 이름한다고 한 것은 앞에 견도위에 있어서는 바로 욕계의 생사라 이름하더니, 지금 수도위에 들어가서는 전전하여 이 가가라는 이름을 얻는 것이다. 역시 『잡화기』의 말이다.

304 무루근을 이룬다는 말은 생략되어 없다 운운한 것은 『구사론』에 해석하여 말하기를 게송 가운데 다만 처음과 뒤의 인연만 설한 것은 예류과 뒤에 나아가 수혹을 끊어 능히 저 무루근을 다스리는 뜻을 이룬 이후에 이룸을 기준한 까닭으로 갖추어 설하지 않는다 하였으니, 담자권淡字卷 하권 26장, 상을 볼 것이다. 역시 『잡화기』의 말이다.

305 원문에 이리합유以理合有라고 한 것은 견도見道 후後에 수도修道에 이르러 과상果上에 머무름을 잡은 까닭으로 이치로 보면 합당히 무루근無漏根이 있어야 한다는 것이다.

만약 제삼품을 끊으면 이름을 삼생을 받는 것이라 하고
만약 제사품을 끊으면 이름을 이생을 받는 것이라 하나니,
말하자면 구품의 수혹이 능히 칠생七生을 윤생潤生케 하나니,
또한 상중의 상품 수혹은 능히 이생을 윤생케 하고,
상중의 중과 상중의 하와 중중의 상품은 각각 일생을 윤생케 하고,
중중의 중과 중중의 하품은 함께 일생을 윤생케 하고,
하중의 상·중·하 삼품 수혹은 함께 일생을 윤생케 하는 것이다.
이미 위의 삼품에서 능히 사생四生을 윤생케 하였기에 그런 까닭으로
상중의 삼품을 끊으면 사생이 이미 손감되기에 이름을 삼생을 받는
것이라 하였고, 다시 중중의 상 일품306을 끊으면 다시 일생이 손감되
기에 그런 까닭으로 사품을 끊으면 모두 오생이 손감되어 다만
이생二生만을 받나니

그런 까닭으로 말하기를 삼생·이생을 가가家家에 태어난다 하였다.
제일품과 제이품의 혹을 끊으면 가가家家라 이름한다고 함이 없는
까닭은 처음 예류과를 얻어서307 큰 가행을 일으키기에 반드시 제일품
과 제이품의 두 품을 끊어야308 할 것이 없거니와 제삼품을 끊지

---

306 중중中中의 상上 일품一品이란, 제사품第四品이다.
307 처음 예류과를 얻어서 운운한 것은 초과初果를 얻음에 대가행大加行을 얻어서
　　그 세력이 증성增盛한 까닭으로 제일품과 제이품의 두 품을 끊을 때에 반드시
　　제삼품을 끊는 것이다. 그 두 품만 끊고 아직 제삼품을 끊지 않아서 생사를
　　받는 일을 가가家家라 함이 있지 않기에 가가라 말하지 않는 까닭이다.
　　역시 『잡화기』의 말이다.
308 원문에 단이斷二란, 제일품第一品과 제이품第二品의 두 품이다.

아니하면 생사가 있는 것이다.

또 제오품을 끊으면 가가에 태어난다고 함이 없는 것은 제육품을 끊음을 인유[309]하여[310] 곧 일래과를 증득하기 때문이니,

---

309 원문에 유단제육由斷第六이란, 본론本論엔 由斷第五하야 必斷第六이라 하였으니 생각하라. 그러나 현재現在의 문장文章으로도 뜻은 통한다.

310 제육품을 끊음을 인유하여 운운한 것은 『구사론』 본론에는 由 자 아래에 단제오필斷第五必이라는 네 글자가 있다. 담자권淡字卷 하권 27장, 상을 볼 것이다. 대개 그 뜻에 말하기를 제오품을 끊으면 반드시 제육품을 끊어 일래과一來果를 증득하는 것이니, 한 품의 혹이 능히 과위를 얻음에 장애할 수 없는 것이다. 천태교 가운데 제사십삼권을 검증하건대 곧 말하기를 제일품과 제이품의 혹을 끊으면 가가라 이름한다 함이 없는 까닭이라고 한 등은 『구사론』을 기준한다면, 묻겠다. 무슨 까닭으로 제일품과 제이품과 제오품을 가가라 이름하지 않는가. 답하겠다. 제이품을 끊음에 반드시 제삼품을 끊고 제오품을 끊음에 반드시 제육품을 끊는 것이니 성자가 가행加行을 일으킴을 인유한 까닭이니, 이것은 차례로 끊는 뜻이다. 해석하여 말하면 『구사론』에 이미 제삼품과 제사의 혹이 다한 것으로써 가가라 이름하였기에 그런 까닭으로 물어(비난) 말하기를 제일품과 제이품과 제오품은 어찌 가가라 이름하지 않는가 하니, 반드시 이것은 차례로 끊는 것으로써 차례를 뛰어넘어 끊는 것을 비난한 것인 줄 알아야 할 것이다. 무릇 이 혹을 끊는 것이 세 가지 사람이 있나니 첫 번째는 마음대로 끊는 것이니 곧 이것은 마음대로 칠반 생사를 지나 구품혹을 끊어 다하는 것이요, 두 번째는 차례로 끊는 것이니 제이품을 끊음에 반드시 제삼품을 끊고 제오품을 끊음에 반드시 제육품을 끊는 것이요, 세 번째는 뛰어넘어 끊는 것이니 이것은 곧 일정하지 않아서 혹 제오품과 육품을 끊고 혹은 제칠품과 팔품을 끊는 등이다. 여기에 다시 세 가지가 있나니 처음에는 뛰어넘어 끊는 것이니 본래 인지因地에 있어 아직 색계의 선정을 얻지 못하고 혹 욕계의 선정을 닦았지만 욕계의 혹을 끊지 못하다가 이 사람이 제십육심에 이르러 뛰어넘어 오품을 끊는

한 품의 혹이 능히 과위를 장애할 수는 없는 까닭이다.

만약 한 품의 혹이 능히 과위를 장애할 수 없다면 무슨 까닭으로[311] 팔품을 끊고 제구품을 끊지 못함이 있으면 생사가 있는가.

답하겠다.

제구第九의 일품은[312] 첫 번째는 혹惑을 끊는 것이 끝남에 과위를 얻는 것이요

두 번째는 다시 욕계를 초월하려 하기에 그런 까닭으로 이 제구품이 능히 과위를 장애하거니와 제육품은 육계를 초월하지 않았기에

것이 이름이 가가家家가 되는 것이니, 지금에 이 뛰어넘어 끊는 것이 결정코 이것이라 하겠다. 이 오품이 저 사품과 같나니 『구사론』의 삼품과 사품을 끊고 가가에 태어난다고 한 것으로 더불어 그 뜻이 같은 것이다 운운하고, 또 오품을 끊는 것을 향向이라 이름하고 육품을 끊는 것을 과果라고 이름한 것은 이것은 차례로 끊는 것이다 하였으니, 이것을 의거한다면 곧 제일품과 제이품과 제오품은 이것은 차례로 끊는 뜻이고, 제삼품과 제사품은 이것은 뛰어넘어 끊는 것이라 하겠다. 역시 『잡화기』의 말이다. 매우 복잡다단하나 자세히 바라보면 학문의 폭이 더욱 넓어질 것이다. 그러나 소초문을 따라 나의 번역을 보면 차라리 이해가 쉬울 것이다.

311 원문에 하이何以라고 한 아래는 장애함이 있다는 것이니 즉 구품마저 끊어야 생사生死를 벗어난다는 것이다.

312 답하겠다. 제구第九의 일품 운운한 것은 그 뜻에 말하기를 이 제구의 일품은 첫 번째 혹을 끊는 것이 끝남에 바야흐로 과위를 얻는 까닭이며 또 끊은 즉 삼계를 뛰어넘는 것이니 이것은 관계(끊어서 뛰어넘는 것)가 가장 큰 것이어니와, 만약 제육품인 즉 설사 끊지 못할지라도 반드시 저 힘이 과위를 장애하지는 못하는 것이니 이것은 관계가 가벼운 까닭이다. 역시 『잡화기』의 말이다.

그런 까닭으로 과위를 장애할 수 없는 것이다

가가라고 말한 것은 가家가 하나가 아닌 까닭이다.
가가에 두 가지가 있나니
첫 번째는 천가가天家家니 혹은 욕계천에서 삼생과 이생을 받는
것이요
두 번째는 인가가人家家니 곧 인간 가운데서 삼생과 이생을 받고
뒤에 원적을 증득하는 까닭이다.
이상은 위에 반 게송[313]을 해석한 것이다.
아래 반 게송은 그 일래과에 나아가는 것과 일래과를 밝힌 것이니,
이미 제육품을 끊고 제 두 번째 일래과를 얻었기에 그런 까닭으로
아래 오품을[314] 끊으면 이름을 제 두 번째 일래과에 향해 가는 것이라
하는 것이다.

論에 次明不還云호대 斷七或八品하면 一生名一間이니 此卽第三向
이요 斷九不還果라하였다 釋曰有三緣具하면 名爲一間이니 上之二
句는 卽是二緣이요 更有第三에 得無漏根하야 以爲能治나 易故不說
하나니 同前家家에 以下三品은 共潤一生하니라 故斷七八하야도 餘第
九在하면 亦有一生이 而爲間隔일새 故名一間이니라 有一品惑하야
不證不還하고 有一生在하야 不證圓寂하면 皆名一間이니 卽此一間

은 是不還向이요 九品全斷하면 更不還來하야 生於欲界하야 成不還
果니라 羅漢向果는 在文可知니라 今此欲明下는 明不廣之由니라

『구사론』 게송에 이 다음에 불환과를 밝혀[315] 말하기를
제칠품을 끊거나 혹은 제팔품을 끊으면
일생이 이름이 일간一間이니,
이것은 곧 제 세 번째 불환과에 향해 가는 것이요
제구품을 끊으면 불환과라 하였다.
해석하여 말하면 세 가지 인연을 갖춤이 있으면 이름을 일간이라
하나니,
위에 두 구절은 곧 이 두 가지 인연[316]이요
다시 제 세 번째 불환과에 무루근無漏根[317]을 얻어 능치能治를 삼은
것이 있지만 쉬운 까닭으로 설하지 않나니,
앞[318]의 가가家家에 하중의 상품은 함께 일생을 윤생케 한다는 것과
같다.
그런 까닭으로 제칠품과 제팔품을 끊었을지라도 나머지 제구품이
있으면 또한 일생이 간격함이 있기에[319] 그런 까닭으로 이름을 일간一

---

315 名은 明의 잘못이다.
316 두 가지 인연(二緣)은 위에 삼연(上三緣) 가운데 제일第一과 제삼第三이다.
317 무루근無漏根은 제이연第二緣이다.
318 앞이란, 영인본 화엄 6책, p.51, 6행이다.
319 또한 일생이 간격함이 있다고 한 것은 지금 욕계에 있지만 도리어 천상에
    태어나는 것으로써 일생을 삼고 한 번 다시 욕계에 태어나는 것을 말한

間이라 하는 것이다.

일품의 혹이라도 있어서 불환과를 증득하지 못하고 일생이라도 있어서 원적을 증득하지 못함이 있다면 다 이름을 일간이라 하는 것이니,

곧 이 일간은 불환과에 향해 가는 것이요

구품을 완전히 끊으면 다시는 돌아와 욕계에 태어나지 않아서 불환과를 이루는 것이다.

아라한과에 향해 가는 것과 아라한과는 소문에 있으니 가히 알수가 있을 것이다.

지금 여기[320]에서는 범행을 밝히고자 하였다고 한 아래는 폭넓게 설하지 아니한 이유를 밝힌 것이다.

疏

此中觀意는 謂僧名和合이나 而有八輩하니 一若是僧인댄 餘則應非며 又一一別辨인댄 則無衆義리라 集此無衆거니 豈成衆耶아 況於入流나 無所入等이라하며 以無爲法으로 而有差別인댄 則其體自虛니라

것이 아니니, 위에 함께 일생을 윤생케 한다고 한 것(영인본 화엄 6책, p. 51, 6행)으로 더불어 전체와 부분이 다름이 있는 것이다. 역시 『잡화기』의 말이다.

320 원문에 초금鈔今의 鈔 자는 연자衍字이다.

이 가운데 관찰하는 뜻은 말하자면 스님을 화합승이라 이름하나[321] 여덟 부류가[322] 있나니

한 부류가 만약 스님이라고 한다면 나머지 부류는 곧 응당 스님이 아닐 것이며

또 낱낱이 따로 분별한다면 곧 대중의 뜻이 없을 것이다.

이것을 집약하여 보면 대중이 없거니 어찌 대중이라는 말이 성립되겠는가.

하물며 성인의 무리에 들어갔지만 들어간 바가 없다 한 등이라 하였으며, 무위법으로 차별이 있다고 하였다면 곧 그 자체[323]가 스스로 허망하다는 것이다.

鈔

此中觀意는 辨作意觀察이니 就因緣門하야 明無性性空이라 況於入流나 無所入等은 上總集八輩하야 以明性空하고 今明一一이 皆不可得이니 卽金剛般若經意라 彼經에 佛問須菩提云호대 須菩提야 於意云何오 須陀洹이 能作是念호대 我得須陀洹果不아 須菩提言호대 不也世尊이시여(下三果皆有此問答) 何以故고하면 須陀洹은 名爲入流나 而無所入이며 不入聲色香味觸法일새 是名須陀洹이니다하니라 二

---

321 원문에 승명화합僧名和合은, 승僧이란 범어梵語이니 여기서는 중衆이라 한다. 중衆인 까닭으로 화합和合이라 말하고 인연화합因緣和合이라 말하지 않는 것이다.

322 여덟 부류는 사향四向과 사과四果이다.

323 원문에 기체其體란, 수다원의 몸이다.

는 問斯陀含하시니 答云호대 何以故고하면 斯陀含은 名一往來나 而
實無往來일새 是名斯陀含이니다하니라 三은 問阿那含하시니 答云호
대 阿那含은 名爲不來나 而實不來일새 是名阿那含이니다하니라 四는
問阿羅漢하시니 答云호대 實無有法일새 名阿羅漢이니다 世尊이시여
若阿羅漢이 作是念호대 我得阿羅漢道라하면 卽爲著我人衆生壽者
이니다 世尊이시여 佛說我得無諍三昧人中에 最爲第一이라하야 是第
一離欲阿羅漢이라하시나 我不作是念호대 我是第一離欲阿羅漢이
니다 世尊이시여 若我作是念호대 我得阿羅漢道라하면 世尊則不說
須菩提가 是樂阿蘭那行者로대 以須菩提가 實無所行일새 而名須菩
提가 是樂阿蘭那行이니다하니라 釋曰此是第五의 勝中無慢住處中
文이니 明四果人이 已捨慢故니라 此中大意는 皆明四聖이 心離見慢
하야 契第一義故로 不生心念矣니라 初果가 初入聖流나 不入塵境하
야사 方名入流어니와 若念得果라하면 入法塵矣니라 故不入塵인댄 則
無念矣리라 下三果는 例知니라 今疏意云호대 合於八輩하야 已顯僧
寶性空거든 況一一히 無念契眞거니 何有僧可依也리요하니라

이 가운데 관찰하는 뜻이라고 한 것은 뜻을 지어 관찰함을 분별한
것이니,
인연문에 나아가서 자성이 없는 자성이 공함을 밝힌 것이다.

하물며 성인의 무리에 들어갔지만 들어간 바가 없다 한 등이라고
한 것은 위에서는 모두 여덟 부류를 모아 자성이 공함을 밝혔고
지금에는 낱낱이 다 가히 얻을 수 없음을 밝힌 것이니, 곧 『금강반야

경』의 뜻이다.

저[324] 『금강반야경』에 부처님이 수보리에게 물어 말씀하시기를 수보리야, 너의 생각은 어떠하느냐. 수다원이 능히 이런 생각을 하되 내가 수다원과를 얻었다 생각하느냐.

수보리가 말하기를 아닙니다, 세존이시여.(아래 삼과三果가 다 이런 문답이 있다.)

무슨 까닭인가 하면 수다원은 이름을 성인의 무리에 들어갔다 하지만 들어간 바가 없으며, 색성향미촉법에도 들어간 적이 없기에 이 이름을 수다원이라 합니다 하였다.

두 번째는 부처님께서 사다함을 물으시니, 수보리가 답하여 말하기를 무슨 까닭인가 하면 사다함은 이름을 일왕래라 하지만 진실로 왕래한 적이 없기에 이 이름을 사다함이라 합니다.

세 번째는 아나함을 물으시니, 답하여 말하기를 아나함은 이름을 불래라 하지만 진실로 온 적이 없기에 이 이름을 아나함이라 합니다.

네 번째는 아라한을 물으시니, 답하여 말하기를 진실로 한 법도 없기에 이름을 아라한이라 합니다.

세존이시여, 만약 아라한이 이런 생각을 하되 내가 아라한의 도를 얻었다 한다면 곧 아상과 인상과 중생상과 수자상에 집착하는 것이 됩니다.

세존이시여, 부처님께서 말씀하시기를 제가 무쟁삼매를 얻은 사람 가운데 가장 제일이라 하여 이에 제일로 욕망을 떠난 아라한이라

---

324 저란, 『금강경金剛經』 제구第九 일상무상분一相無相分이다.

하시지만, 저는 제가 이에 제일로 욕망을 떠난 아라한이라고 생각하지 않습니다.

세존이시여, 만약 제가 이런 생각을 하되 제가 아라한의 도를 얻었다 한다면 세존께서 곧 수보리가 이 아란나의 행을 좋아하는 사람이라고 말씀하지 아니하였을 것이지만, 수보리가 진실로 행한 바가 없기에 이름을 수보리가 아란나의 행을 좋아한다 하십니다 하였다.

해석하여 말하면 이것은 제 다섯 번째 승중무만주처勝中無慢住處[325] 가운데 문장이니 사과四果의 사람들이 이미 아만을 버린 것을 밝힌 까닭이다.

이 가운데 대의는 다 사과의 성인이 마음에 각자 견만見慢[326]을 떠나 제일의제에 계합한 까닭으로 마음에 한 생각도 내지 아니함을 밝힌 것이다.

초과初果의 사람이 처음 성인의 무리에 들어갔지만 육진의 경계에 들어가지 아니하여야 바야흐로 성인의 무리에 들어갔다(入流) 이름하거니와, 만약 생각에 초과初果를 얻었다 한다면 법진에 들어간 것이다.

그런 까닭으로 육진에 들어가지 않는다면 한 생각도 일으킬 것이 없을 것이다.

아래에 삼과三果는[327] 비례하면 알 수가 있을 것이다.

---

325 원문에 제오주第五住는 무착십팔주無着十八住 가운데 제오주第五住이다.
326 견만見慢이란, 십견十見 가운데 만견慢見에 해당하나니 자기의 능력을 믿고 뽐내는 교만이다.
327 아래에 삼과三果란, 수다원 아래 사다함, 아나함, 아라한이다.

지금 소문의 뜻에 말하기를 여덟 부류[328]를 합하여 이미 승보의
자성이 공함을 나타내었거든, 하물며 낱낱이 한 생각도 일으킬
것이 없어 진여에 계합하였거니 어찌 승보를 가히 의지할 것이
있겠는가 한 것이다.

以無爲法으로 而有差別은 亦是彼經의 次前之文이라 經云호대 須菩
提야 於意云何오 如來가 得阿耨多羅三藐三菩提耶아 如來有所說
法耶아 須菩提言호대 如我解佛所說義하야는 無有定法을 得阿耨多
羅三藐三菩提며 亦無有定法을 如來可說이니다 何以故고하면 如來
所說法은 皆不可取며 不可說이며 非法非非法이니다 所以者何오하
면 一切賢聖이 皆以無爲法으로 而有差別이니다하니라 釋曰今但用
後釋文이나 前之一段도 亦可證前觀法일새 故具引之하니라 謂一切
聖人이 由證無爲가 有淺深故로 而有差別이나 別同無爲일새 卽無差
矣니 無爲之中에 何有八輩의 凡聖相耶아 故皆契性空矣니라 上一段
經은 卽證得法身住處文中에 智相證得法身文也니라

무위법으로 차별이 있다고 한 것은 역시 저 『금강반야경』이 차례
앞에 문장이다.
저 『금강반야경』에 말하기를 수보리야, 너의 생각은 어떠하느냐.
여래가 아뇩다라삼먁삼보리를 얻은 적이 있느냐. 여래가 설한 바
법이 있느냐.

수보리가 말하기를 제가 부처님께서 설하신 바 뜻을 아는 것 같아서
는 결정코 한 법도 아뇩다라삼먁삼보리를 얻은[329] 적이 없으며, 또한
결정코 한 법도 여래가 가히 설한 적이 없습니다.

무슨 까닭인가 하면 여래께서 설하신 바 법은 다 가히 취할 수도
없으며,

가히 설할 수도 없으며,

법도 아니며 비법도 아니기 때문입니다.

무슨 까닭인가 하면 일체 현인과 성인이 다 무위법으로써 차별이
있기 때문입니다 하였다.

해석하여 말하면 지금에는 다만 뒤에 해석한[330] 문장만 인용할 것이지
만 앞의 일단[331]도 또한 가히 앞에 관법觀法[332]을 증거하기에 그런
까닭으로 갖추어 인용하였다.

말하자면 일체[333] 성인이 무위법을 증득한 것이 얕고 깊음이 있음을
인유한 까닭으로 차별이 있지만 차별이 다 같이 무위법이기에 곧

---

329 원문에 득아뇩得阿耨의 득得 자는 『금강경金剛經』엔 名 자이다.

330 뒤에 해석이란, 이무위법以無爲法 운운이다.

331 원문에 전지일단前之一段은 황어입류況於入流 운운이다.

332 後 자는 前 자의 오자誤字이다. 원문에 후관법이라 한 후後 자를 전前 자의
잘못이라 하나, 『잡화기』는 후관법이란 바로 아래 소문에 후이後二는 취덕就
德이라 한 소문을 가리킨다 하였다. 그러나 나는 전前 자로 고쳐 해석하였다.

333 원문에 위일체謂一切란, 上에 況於入流 云云文과 此에 以無爲法 云云文을
합석合釋한 것이니 위일체하謂一切下는 今此 以無爲法 云云文이요, 하유팔배
하何有八輩下는 上에 況於入流 云云文이니 모두 다 性空을 근거하여 말하고
있다.

차별이 없는 것이니, 무위법 가운데 어찌 여덟 부류의 범부와 성인의
모습이 있겠는가. 그런 까닭으로 다 자성이 공함에 계합하는 것이다.

위에 일단 경³³⁴은 곧 증득법신주처³³⁵ 문장 가운데 지상智相으로
법신을 증득한다는 문장이다.

疏

後二就德이니 德若是僧인댄 何須八輩리오 離法無人하고 離人無
法하나니 一一窮究컨댄 爲僧者誰오 僧體旣虛거니 梵行安寄리오

뒤에 두 가지³³⁶는 공덕에 나아간 것이니
공덕이 만약 이 스님이라고 한다면 어찌 여덟 부류를 수구하겠는가.
법을 떠나 사람이 없고 사람을 떠나 법이 없나니,
낱낱이 궁구한다면 스님을 무엇이라 할 것인가.
스님이라는 자체가 이미 허망하거니 범행이 무엇을 의지하겠는가.

---

334 원문에 상일단경上一段經은 황어입류況於入流나 무소입無所入이라 한 것이다.
335 증득법신주는 무착십팔주無着十八住 가운데 제오주第五住이다.
336 원문에 후이後二라고 한 것은 삼매三昧와 육통六通이다.

經

若戒是梵行者인댄 爲壇場是戒耶아 問淸淨是戒耶아 敎威儀是
戒耶아 三說羯磨是戒耶아 和尙是戒耶아 阿闍梨是戒耶아 剃髮
是戒耶아 著袈裟衣是戒耶아 乞食是戒耶아 正命是戒耶아

만약 계율이 이 범행梵行이라고 한다면 계단의 장소가 이 계율이
됩니까,
청정함을 묻는 것이 계율이 됩니까,
위의를 가르치는 것이 이 계율이 됩니까,
세 번 갈마를 설하는 것이 이 계율이 됩니까,
화상이 이 계율이 됩니까,
아사리가 이 계율이 됩니까,
삭발한 것이 이 계율이 됩니까,
가사 옷을 입은 것이 이 계율이 됩니까,
걸식을 하는 것이 이 계율이 됩니까,
바르게 생활하는 것이 이 계율이 됩니까.

疏

第十은 觀戒니 戒爲行體나 亦賴衆緣이니 從緣成戒면 戒性如空이
리라 起心持者는 是謂迷倒니 無善無威儀하야 不雜二乘心이 是名
持淨戒며 此戒가 乃名眞梵行也니라

제 열 번째는 계율을 관찰하는 것이니,

계율이 행의 자체가 되지만 또한 수많은 인연을 의지하나니

인연을 좇아 계율을 이룬다면 계의 자성이 허공과 같을 것이다.

마음을 일으켜 계율을 가지는 것은 이것은 말하자면 미혹하여 전도
된 것이니

선도 없고 위의도 없어 이승에 섞이지 않는 마음이 이것이 이름하여
청정한 계를 가지는 것이며,

이 계율이 이에 이름하여 진실한 범행이라 하는 것이다.

鈔

第十觀戒는 文三이니 初는 總明이라 上來九門은 結觀於後어니와 獨
今此段은 先明實觀이라 戒性如空等者는 卽法句經이니 六度에 皆有
偈文이라 布施云호대 說諸布施福인댄 於中三事空하야 究竟不可得
이니 施福如野馬라하며 戒云호대 若說諸持戒인댄 無善無威儀하야
戒性如虛空거늘 持者爲迷倒라하며 忍云호대 若見嗔恚者인댄 以忍
爲羈鞅거니와 知嗔等陽燄인댄 忍亦無所忍이라하며 精進云호대 若說
諸精進인댄 爲增上慢說거니와 無增上慢者인댄 無善無精進하리라
若起精進心인댄 是妄非精進이어니와 若能心不妄인댄 精進無有涯
라하며 定云호대 若學諸三昧인댄 是動非坐禪이라 心隨境界流어니
云何名爲定이리요하며 般若云호대 森羅及萬像이 一法之所印거니
云何一法中에 而生種種見이리요 一亦不爲一이나 爲欲破諸數니 淺
智之所聞은 見一以爲一이라하며 結云호대 若有聞斯法하고 常修寂

滅行하야 知行亦寂滅인댄 是則菩提道라하니라 釋曰今疏釋戒일새
但用戒文이나 而離破倒요 餘者는 乃義引耳니라 不雜二乘心者는 卽
涅槃文이요 是名持淨戒等은 總結上文也라

제 열 번째 계율을 관찰하는 것이라고 한 것은 문장이 세 가지[337]가
있나니
처음에는 한꺼번에 밝힌 것이다.
상래에 아홉 문은 관찰하는 것을 뒤에서 맺었거니와[338] 유독 지금에
이 십단에서만 먼저 진실로 관찰하는 것을 밝혔다.

계의 자성이 허공과 같다고 한 것은 곧 『법구경』이니
육바라밀에 다 게송문이 있다.
보시에 말하기를 모든 보시의 복을 설한다면
그 가운데 삼사三事가 공하여
구경에 가히 얻을 수 없나니
보시의 복은 아지랑이와 같다 하였으며

지계에 말하기를 만약 모든 지계를 설한다면

---

337 세 가지란, 첫 번째는 한꺼번에 밝힌 것이고 두 번째는 따로 해석한 것이고
　　세 번째는 헤아려 가린 것이다.
338 원문에 결전어후結前於後라고 한 것은 上에 九段은 먼저 十事에 몇 가지는
　　무엇이며 몇 가지는 무엇이라고 설명說明한 뒤에 무엇이 범행梵行이다 하였
　　는데, 수에 十의 一段은 반대反對라는 것이다.

선도 없고 위의도 없어서
계의 자성이 허공과 같거늘
가진다고 하는 것은 미혹하여 전도된 것이다 하였으며

인욕에 말하기를 만약 성내는 사람을 본다면
인욕으로 멍에를 삼거니와
성내는 등이 아지랑이와 같은 줄 안다면
인욕도 또한 인욕할 바가 없을 것이다 하였으며

정진에 말하기를 만약 모든 정진을 설한다면
증상만을 위하여 설하는 것이어니와
증상만을 가진 사람이 없다면
선도 없고 정진도 없을 것이다.

만약 정진의 마음을 일으킨다면
이것은 허망이요 정진이 아니거니와
만약 능히 마음이 허망하지 않다면
정진이 끝이 없을 것이다 하였으며

선정에 말하기를 만약 모든 삼매를 배운다면
이것은 동動이요 좌선이 아니다.
마음이 경계를 따라 유전하거니
어떻게 이름을 선정이라 하겠는가 하였으며

반야에 말하기를 삼라와 그리고 만상이
한 법에 찍히는 바거니
어떻게 한 법 가운데
가지가지 소견을 내겠는가.

한 법은 또한 한 법이라 할 수 없지만
모든 숫자를 깨뜨리고자 하기 위한 것이니
지혜가 얕은 사람이 들은 바는
하나를 봄으로 하나를 삼는다 하였으며,

맺어서 말하기를 만약 어떤 사람이 이 법을 듣고
항상 적멸의 행을 닦아
행이 또한 적멸한 줄 안다면
이것이 곧 보리의 도다 하였다.

해석하여 말하면 지금 소문에서는 계율을 해석하기에 다만 지계의
문장만을 인용하였지만, 그러나 떠나보내어 깨뜨리는[339] 것이[340] 거

---

[339] 원문에 이파도離破倒란, 소문疏文엔 계성여공戒性如空 지자미도持者迷倒가
먼저 있고, 인용引用한 문장文章에는 뒤에 있다는 것이니 계戒에 대한 생각을
떠나보내고 깨뜨린다는 것이니 즉 계성戒性이 허공과 같다고, 그리고 계戒를
가진다고 하면 틀린다(迷到)고 깨뜨리는 것이다. 離 자는 戒性如空의 뜻이요,
破 자는 持者迷倒의 뜻이라 할 수 있다.

[340] 떠나보내어 깨뜨린다 운운한 것은 소문 가운데 인용한 문장이 혹 떠나보내어

꾸로 되어 있고 나머지는 이에 뜻으로 인용하였다.

이승에 섞이지 않는 마음이라고 한 것은 곧 『열반경』의 문장이요 이것이 이름하여 청정한 계를 가지는 것이라고 한 등은 위에 문장을 모두 맺는 것이다.

疏

其中十事에 前八是受요 後二是隨라 受中壇場은 得戒之處요 問淨敎儀는 並敎授師요 三說羯磨는 卽得戒法이요 和尙은 得戒根本이요 阿闍黎者는 正卽三師나 義兼七證이요 剃髮著衣는 是戒外相이라 隨中乞食은 四依之一이요 正命은 謂離四邪五邪라

그 가운데 열 가지 일에 앞에 여덟 가지는 계를 받는 것이요, 뒤에 두 가지는 계를 따르는 것이다.
계를 받는 가운데 계단의 장소라고 한 것은 계를 얻는 것이요 청정함을 물은 것[341]과 위의를 가르친다고 한 것은 모두 계를 가르치

깨뜨리고 혹 거꾸로 되어 있다. 이상은 『잡화기』의 말이다. 『잡화기』는 이離와 도倒를 분리하였으나 나는 이피離破"가" 도倒"하고" 토이니 연결 문장으로 보았다.

341 원문에 문정問淨이란, 계戒를 설설說設할 때 계사戒師가 처음에 대중大衆에게 묻기를 스님들이 다 모였습니까. 대중大衆이 대답하기를 다 모였습니다. 화합합니까. 화합합니다 운운. 이 가운데 보살계(比丘戒)를 받지 않은 사람과 청정淸淨하지 못한 사람은 없습니까. 없습니다 운운이다.

는 스승(敎授師)이요

세 번 갈마를 설한다고 한 것은[342] 곧 계를 얻는 법이요

화상이라고 한 것은 계를 얻는 근본이요

아사리라고 한 것은 정석은 곧 삼사三師이지만[343] 그 뜻은 칠증사七證師를 겸한 것이요

삭발한 것과 가사 옷을 입었다고 한 것은 이 계의 바깥 모습이다.

계를 따르는 가운데 걸식이라고 한 것은 사의四依 가운데 하나요

바르게 생활하는 것이라고 한 것은 말하자면 사사四邪와 오사五邪를 떠난 것이다.

---

342 세 번 갈마를 설한다고 한 것은 『화엄음의華嚴音義』에 말하기를 여기서 말하면 판사辦事이니, 말하자면 법의 일이 이것을 인유하여 갖추어짐을 이루는 것이다 하였다. 세 번 설한다고 말한 것은 단권으로 된 『보살계갈마경』에 말하기를 만약 모든 보살이 보살의 삼취정계를 배우고자 하여 힘이 있고 지혜가 있는 보살을 청한데, 내지 힘이 있고 지혜가 있는 보살이 이와 같은 말을 하되 그대들은 지금 나의 처소에서 모든 보살의 일체학처一切學處와 일체정계一切淨戒와 섭선법계와 섭중생계를 배우고자 할 것이니, 삼세의 보살이 이미 배웠고 지금 배우고 당래에 배울 것이다. 그대들은 지금 배우겠는가. 이와 같이 세 번 설하였다 하였다. 역시 『잡화기』의 말이다. 『화엄음의』에 갈마를 판사라 한 것은 조금 여의치 않다. 차라리 검사라 하고 전계사를 판사라 할 것이다. 따라서 교수사는 변호사이다.

343 아사리는 『화엄음의』에 말하기를 여기서 말하면 궤범軌範이니, 말하자면 제자로 더불어 가히 법칙을 짓는 것이다 하였다. 이사二師라 한 二는 三의 잘못이다. 역시 『잡화기』의 말이다. 삼사三師는 삼화상三和尙이다.

鈔

乞食은 四依之一者는 一은 長乞食이요 二는 糞掃衣요 三은 家間樹下
坐요 四는 食腐爛藥이니 亦名四聖種이라 智論七十二云호대 又受戒
法하야 盡形壽토록 著衲衣하며 乞食하며 樹下住하며 服弊棄藥이라하
니 於四種中에 頭陀가 已攝三事하니라 若俱舍와 正理와 婆沙인댄
前三은 所得의 食衣臥具에 喜足爲三이요 四는 依有無樂하야 乃加樂
斷과 樂修聖種이라하니 所以不同者는 智論은 意顯先古四聖種이 卽
是四依요 婆沙等은 依新論師하야 除藥加第四하니 以前三은 爲道資
緣이요 四는 爲道體性이라 言聖種者는 謂善故며 無漏故로 名聖이요
卽此能生諸功德法하야 相續不斷故로 名爲種이니 故云乞食이 卽四
依之一이라하니라

걸식이라고 한 것은 사의 가운데 하나라고 한 것은
첫 번째는 걸식을 행하는 것이요
두 번째는 분소의糞掃衣를 입는 것이요
세 번째는 무덤 사이나 나무 아래서 정좌靜坐³⁴⁴하는 것이요
네 번째는 부란약腐爛藥³⁴⁵을 먹는 것이니
또한 사성종四聖種이라고도 이름한다
『지도론』 칠십이권에 말하기를 또 계법을 받아 몸(形)과 목숨이
다하도록 납의衲衣를 입으며 걸식하며 나무 아래 머물며 폐기약을

---

344 정좌靜坐란, 자지 않고 고요히 앉아 있는 것이다.
345 부란약腐爛藥은 폐기약弊棄藥, 진기약陳棄藥이라고도 한다.

복용한다 하였으니,

사성종 가운데 두타가[346] 이미 세 가지 사실[347]을 섭수하였다.

만약 『구사론』과 『순정리론順正理論』[348]과 『비바사론』을 의지한다
면 앞에 세 가지는 얻을 바 음식과 옷과 침구에 기뻐하고 만족하는
것으로 세 가지를 삼고, 네 번째는 유락有樂과 무락無樂을 의지하
여[349] 이에 끊기를 좋아하고 닦기를 좋아하는 성종聖種을 더한다
하였으니,

---

346 두타 운운은 두타의 열두 가지 행 가운데 부란약이 없는 까닭이라고 『잡화
   기』는 말한다.
347 원문에 삼사三事는 네 번째 부란약腐爛藥만 제외한다. 뜻은 두타행이 사종성
   가운데 삼종성을 갖추고 있다는 것이다.
348 『순정리론順正理論』은 『아비달마순정리론』을 말한다.
349 유락有樂과 무락無樂을 의지한다고 한 등은 각본이 다 잘못(藥은 樂의 잘못)이
   니, 『바사론』 백팔십일권에는 유락과 무락에 유락을 의지하여 끊기를 좋아하
   고 닦기를 좋아하는 성종이라 하였으며, 또 말하기를 끊기를 좋아하고 닦기를
   좋아하는 것으로 유애有愛와 무애無愛에 유애를 대치한다 하였으며, 『구사
   론』 이십이권에는 제 네 번째는 성종이니 말하자면 끊고 닦기를 좋아한다
   하였으며, 『순정리론』 오십구권에는 끊는 것은 이계離繫를 말하는 것이요,
   닦는 것은 성도聖道를 말하는 것이고, 좋아하는 것은 저 유정에 깊이 좋아하고
   사모하는 것을 말하는 것이다 하였다. 끊기를 좋아한다(樂斷)고 한 것은
   번뇌를 끊기를 좋아하는 것이고, 닦기를 좋아한다고 한 것은 성도 닦기를
   좋아한다는 것이다. 『잡화기』는 두 개의 약樂 자는 법수法數의 낙樂이라
   하였으니 끊기를 좋아하는 까닭으로 번뇌가 없고, 닦기를 좋아하는 까닭으로
   선법善法이 있는 것이다 하였다.

다 같지 않은 까닭은 『지도론』은 뜻이 고선古先[350]의 사성종이 곧
사의임을 나타낸 것이요

『바사론』 등은 신론사新論師를 의지하여 탕약을 제하고 제 네 번째
낙樂을 더하였으니,

앞에 세 가지는 도를 도우는 인연이 되고 네 번째는 도의 자체성이
되는 것이다.

성종이라고 말한 것은 말하자면 선善인 까닭이며 무루인 까닭으로
성聖이라 이름하고, 곧 이것이 능히 모든 공덕의 법을 생기하여
상속해 끊어지지 않는 까닭으로 종種이라 이름하는 것이니

그런 까닭으로 말하기를 걸식이 곧 네 가지 가운데 하나다 하였다.

言四邪者는 智論第四에 釋比丘하야 名乞士는 淸淨活命일새 故名乞
士니 如經中說호대 舍利弗이 入城乞食하야 得已坐食한대 有梵志名
淨目이 問言호대 汝食耶아 答言食이라 淨目言호대 下口食耶아 答言
不이라 仰口食耶아 答曰不이라 方口食耶아 答曰不이라 維口食耶아
答曰不이라 淨目言호대 食有四種거늘 我今問汝에 汝皆言不이라하니
我今不解라 汝當爲說하라 云何下口食고 舍利弗言호대 有出家人이
合藥種穀하고 植樹等으로 不淨活命者는 是名下口食이요 觀視星宿
과 日月風雨와 雷電霹靂하야 不淨活命者는 是名仰口食이요 曲媚豪
勢하야 通使四方하고 巧言多求하야 不淨活命은 是名方口食이요 學
種種呪術과 卜算吉凶과 小術不正은 是名維口食이니 我는 不墮是四

---

350 고선古先은 곧 선고先古이니 옛날 옛적을 말한다.

食中하고 我는 用淸淨乞食하야 活命하니라 淨目聞已하고 歡喜信解
거늘 舍利弗이 因爲說法한대 得須陀洹이라하니라 五邪者는 卽智論二
十二니 已見淨行品이나 今更重擧리라 一은 爲利養故로 詐現異相奇
特이요 二者는 爲利養故로 自說功德이요 三者는 爲利養故로 占相吉
凶하고 及爲人說이요 四者는 爲利養故로 高聲現威하야 令人畏敬이
요 五者는 爲利養故로 稱說自己의 所得利養하야 以動人心이니 邪因
緣活命일새 故爲邪命이라하니라

사사라고 말한 것은 『지도론』 제사권에 비구를 해석하여 걸사라
이름한 것은 청정하게 생활하기에 그런 까닭으로 이름을 걸사라
하는 것이니,
저 경 가운데 말하기를 사리불이 성에 들어가 밥을 빌어 얻은 이후에
앉아서 먹고 있는데, 정목이라 이름하는 범지가 있어 물어 말하기를
그대 밥을 먹는가.
답하여 말하기를 밥을 먹는다.
정목이 말하기를 하구식下口食을[351] 먹는가.
답하여 말하기를 아니다.
앙구식仰口食을 먹는가.

---

351 하구식下口食 운운은 네 가지 사명식(四邪命食)이니 하구식下口食은 논밭을
   갈고 탕약을 지어 생활하는 것, 앙구식仰口食은 천문학을 연구하여 생활하는
   것, 방구식方口食은 부호富豪에게 아첨하고 교묘한 말로 잘 보여 생활하는
   것, 유구식維口食은 주술呪術이나 점치고 관상 보아 생활하는 것. 모두 사명식
   邪命食이다.

답하여 말하기를 아니다.

방구식方口食을 먹는가.

답하여 말하기를 아니다.

유구식維口食을 먹는가.

답하여 말하기를 아니다.

정목이 말하기를 밥을 먹는 데 네 가지가 있거늘, 내가 지금 그대에게 물음에 그대가 다 말하기를 아니다 하니 내가 지금 알 수가 없다. 그대가 마땅히 말해보라 어떤 것이 하구식을 먹는 것인가.

사리불이 말하기를 어떤 출가한 사람이 약을 조합하고 곡식을 심고 나무를 심는 등으로 부정하게 생활하는 것은 이 이름이 하구식을 먹는 것이요

별과 해와 달과 바람과 비와 번개와 벽력을 관찰하여 부정하게 생활하는 것은 이 이름이 앙구식을 먹는 것이요

호세豪勢에게 아첨하고 아양 부려 사방에 모두 심부름하고 교묘한 말로 많이 구걸하여 부정하게 생활하는 것은 이 이름이 방구식을 먹는 것이요

가지가지 주술과 길흉을 점치고 계산하는 것과 작은 술수를 배워 바르게 생활하지 않는 것은 이 이름이 유구[352]식을 먹는 것이니 나는 이 네 가지 밥 가운데 떨어지지 않고 나는 청정하게 걸식을 행하여 생활한다.

---

352 유구維口라고 한 것은 유維는 간방(사유四維)이니 정방正方이 아니다. 마치 저 주술이 이와 같다는 것이다. 그런 까닭으로 본론에 말하기를 내 간방에서 밥을 구하는 것이다 하였다. 역시 『잡화기』의 말이다. 본론은 『지도론』이다.

정목이 들어 마치고 기쁜 마음으로 믿고 이해하거늘, 사리불이 그로 인하여 설법한데 수다원과를 얻었다 한 것과 같다 하였다.

오사라고 한 것은 곧 『지도론』 이십이권이니 이미 정행품에 나타내었지만 지금에 다시 거듭 거론하겠다.
첫 번째는 자기의 이양을 위한 까닭으로 다른 모습의 기특함을 속여 나타내는 것이요
두 번째는 자기의 이양을 위한 까닭으로 스스로 공덕을 말하는 것이요
세 번째는 자기의 이양을 위한 까닭으로 상호의 길흉을 점치고 그리고 다른 사람에게 말하는 것이요
네 번째는 자기의 이양을 위한 까닭으로 높은 목소리로 위의를 나타내어 사람들로 하여금 두려워서 공경케 하는 것이요
다섯 번째는 자기의 이양을 위한 까닭으로 자기의 얻을 바 이양을 칭찬하고 말하여 사람들의 마음을 움직이는 것이니,
이것은 삿된 인연으로 생활하는 것이기에 그런 까닭으로 사명邪命이라 하는 것이다.

疏

若依菩薩戒하야 類例上文인댄 具如善戒經과 及彌勒菩薩所造인 受菩薩戒羯磨所辨하니라 此上十境은 正約菩薩이요 傍兼聲聞이니 設依小受라도 修觀則爲菩薩이니 卽如此方하니라 又善戒經에

欲受菩薩戒인댄 皆先具受前之三戒라하니 故所觀境은 通於大小나 其能觀智는 唯實教大乘이라

만약 보살계를 의지하여 위에 경문을 비류하여 예例한다면 갖추어 설한 것은 『선계경』과 그리고 미륵보살이 지은 바 『수보살계갈마受菩薩戒羯磨』[353]에 분별한 바와 같다.

이 위에 열 가지 경계[354]는 바로 보살을 잡은 것이요, 옆으로 성문도 겸하였나니

설사 소승을 의지하여 계를 받았을지라도 관법을 수행한다면 곧 보살이 되는 것이니 곧 차방此方과 같다.[355]

또 『선계경』에 보살계를 받고자 한다면 다 먼저 앞에 세 가지 계(三戒)를 갖추어 받는다 하였으니,

그런 까닭으로 관찰하는 바 경계는 대승과 소승에 통하지만 그가 능히 관찰하는 지혜는 오직 실교대승뿐이다.

鈔

若依菩薩下는 第三에 料揀이니 前列十事는 參大小乘일새 此方엔 菩薩律儀闕故니라 於中有四하니 一은 總引二文하야 彰大小異니 彌

---

353 『선계경』과 미륵보살이 지은 『수보살계갈마』는 그것을 검증하여 본즉 다 이 『보살계경』이다.

354 원문에 십경十境은 이 경문(此經文)이다.

355 차방此方과 같다고 한 것은, 차방此方(中國)에서는 소승계小乘戒를 받고도 수행하여 대승보살大乘菩薩이 된다는 것이다.

勒羯磨엔 唯請一師하야 須歸三寶하고 別有羯磨文等이라 此上十境
下는 次에 出對會所以니 以西天엔 大小抗行하고 寺居不雜일새 是故
結云호대 卽如此方이라하니 謂依小乘受하고 行大乘行이라 又善戒
經下는 三에 正示大小의 二相不同이라 言先受前之三戒者는 彼經第
五菩薩戒品云호대 在家出家戒에 有三種하니 一者는 戒요 二者는
受善法戒요 三者는 爲利衆生故行이라하니 釋曰此卽三聚也니라 次
云호대 云何名戒고 所謂七衆戒니 比丘比丘尼와 式叉摩那와 沙彌沙
彌尼와 優婆塞優婆夷라 菩薩摩訶薩이 若欲受持菩薩戒者인댄 先
當淨心하야 受七種戒니 七種戒者는 是淨心으로 趣菩薩戒호미 如世
間人이 欲請於王인댄 先當淨治所居室宅하니라 是七種戒는 俱是在
家出家와 菩薩所受며 菩薩戒者도 亦復如是하야 俱是在家出家와
菩薩所受라하니 釋曰上語七衆은 通於男女等이어니와 今辨三戒엔
唯約比丘니 謂五戒十戒와 二百五十이니 此三은 以爲菩薩戒前之
方便也니라 彼經云호대 若言不具優婆塞戒하고 得沙彌戒인댄 無有
是處며 不具沙彌戒하고 得比丘戒者라도 亦無有是處며 不具如是三
種戒하고 得菩薩戒라도 亦無是處니 譬如重樓四級에 乃至不從三級
하고 至第四者는 無有是處라하니 釋曰以此故로 須先受三也니라 故
所觀境下는 四에 結成本義니 所觀境은 通大小者는 依菩薩受도 亦
是所觀이요 依小乘受도 亦是所觀이라 能觀智는 唯實敎大乘者는 卽
相同性이니 離相戒故니라
上來尋思觀은 竟이라

만약 보살계를 의지하여 위에 경문을 비류하여 예한다면이라고

한 아래는 제 세 번째 헤아려 가린 것이니,
앞에 열거한 열 가지 일은 대승과 소승이 섞이어 있기에 차방에는
보살의 율의가 빠진[356] 까닭이다.
그 가운데 네 가지가 있나니
첫 번째는 두 가지 경문을 다 인용하여 대승계와 소승계가 다름을
밝힌 것이니,
미륵보살이 지은 바 『수보살계갈마』에는 오직 일사一師만을 청하여
반드시 삼보에 귀의하게 하고 따로 갈마하는 문장 등이 있다.

이 위에 열 가지 경계라고 한 아래는 다음에 상대하여 회석한 까닭을
설출한 것이니,
서천西天에는 대승과 소승이 대항하여 수행하고 사찰에 기거하는
것도 섞이어 기거하지 않기에 이런 까닭으로 맺어 말하기를 곧
차방과 같다 하였으니,
말하자면 소승을 의지하여 계를 받고 대승의 행을 행하는 것이다.
또 『선계경』이라고 한 아래는 세 번째 대승과 소승의 두 계상이
같지 아니함[357]을 바로 보인 것이다.

---

356 차방에는 보살의 율의가 빠졌다고 한 것은 『회현기』 15권 끝장을 볼 것이다.
  대개 열거한 바 위에 십사十事는 대승과 소승이 섞여 있는 까닭으로 차방에는
  따로 보살의 계가 없는 것과 같아서 설사 소승계를 받았을지라도 수행은
  곧 대승과 같이 하는 까닭이다. 만약 서천(인도)이라면 곧 대승과 소승이
  대항하여 수행하는 까닭으로 거처하는 것도 섞이어 거처하지 아니하며,
  계를 받고 법을 배운 바도 또한 같지 않는 것이다. 역시 『잡화기』의 말이다.

다 먼저 앞에 세 가지 계를 받는다고 말한 것은 저 『선계경』 제오권
보살계품에 말하기를 재가와 출가의 계에 세 가지가 있나니
첫 번째는 계戒[358]요
두 번째는 선법계를 받는 것이요
세 번째는 중생을 이익케 하기 위한 까닭으로 행한다 하였으니,
해석하여 말하면 이것은 곧 삼취정계이다.
다음[359]에 말하기를 어떤 것을 계라 이름하는가.
말하자면 칠중계七衆戒이니, 비구계와 비구니계와 식차마나계와
사미계와 사미니계와 우바새계와 우바이계이다.
보살마하살이 만약 보살계를 수지하고자 한다면 먼저 마땅히 마음을
청정하게 하여 일곱 가지 계를 받아야 하나니,
일곱 가지 계라고 하는 것은 이 청정한 마음으로 보살계에 나아가는
것이 마치 세간 사람이 왕을 청하고자 한다면 먼저 마땅히 거처하는
바 집을 깨끗하게 하는 것과 같다.
이 일곱 가지 계는 함께 재가자와 출가자와 보살이 받는 바이며
보살계도 또한 다시 이와 같아서 함께 재가자와 출가자와 보살이
받는 바다 하였으니,

---

357 원문에 대소이상부동大小二相不同이라고 한 것은, 대승大乘은 곧 앞에 방편方
    便이 있고, 소승小乘은 방편方便이 없는 까닭으로 같지 않는 것이다. 즉
    대승보살계大乘菩薩戒를 받고자 한다면 먼저 세 가지 계戒를 받는다 한 것이
    방편이다.
358 계戒란, 율의계를 말한 것이다.
359 다음이란, 『선계경』의 위리중생고행爲利衆生故行 다음이다.

해석하여 말하면 위에서 칠중계를 말한 것은 남·녀 등에 통하거니와
지금에 세 가지 계(三戒)를 분별함에는 오직 비구만을 잡는 것이니,
말하자면 오계와 십계와 이백오십계이니 이 세 가지 계는 보살계를
받기 전의 방편이 되는 것이다.
저 『선계경』에 말하기를 만약 우바새계를 구족하지 않고 사미계를
얻는다고 말한다면 옳을 곳이 없으며
사미계를 구족하지 않고 비구계를 얻는다 할지라도 또한 옳을 곳이
없으며
이와 같이 세 가지 계를 구족하지 않고 보살계를 얻는다 할지라도
또한 옳을 곳이 없는 것이니,
비유하자면 중루重樓[360]의 사층에 내지 삼층을 좇아 오르지 않고
제사층에 이른다고 하는 것은 옳을 곳이 없다 한 것과 같다 하였으니,
해석하여 말하면 이런 까닭으로 반드시 먼저 세 가지 계를 받아야
하는 것이다.

그런 까닭으로 관찰하는 바 경계라고 한 아래는 네 번째 본래의
뜻을 맺어 성립한 것이니
관찰하는 바 경계[361]는 대승과 소승에 통한다고 한 것은 보살을
의지하여 계를 받는 것도 역시 관찰하는 바 경계요,
소승을 의지하여 계를 받는 것도 역시 관찰하는 바 경계이다.

---

360 중루重樓는 이층 이상의 누각이다.
361 소관所觀이라고 한 아래에 경境 자가 있어야 한다.

능히 관찰하는 지혜는 오직 실교대승뿐이라고 한 것은 곧 계상이
계성과 같은 것이니 상을 떠난 계[362]인 까닭이다.

상래에 찾아서 사유하여 관찰하는 것(尋思觀)[363]은 마친다.

---

362 원문에 이상계離相戒란, 영인본 화엄 6책, p.10, 9행에 계유이의戒有二義하니
一은 수상隨相이요 二는 이상離相이라 하였다.

363 원문에 심사관尋思觀이란, 영인본 화엄 6책, p.17, 말행末行에 있다. 思는
伺로 쓰기도 한다. 즉 앞에서 第三은 광진수상廣陳修相이니 즉심사관卽尋思觀
이라 한 것이다.

經

如是觀已에 於身無所取하며 於修無所著하며 於法無所住하며 過去已滅하며 未來未至하며 現在空寂하며 無作業者하며 無受報者하며 此世不移動하며 彼世不改變거니

이와 같이 관찰하여 마침에 몸에 취착하는 바가 없으며
수행에 집착하는 바가 없으며
법에 머무는 바가 없으며
과거는 이미 사라졌으며
미래는 이르지 않았으며
현재는 공적하며
업을 짓는 사람도 없으며
과보를 받는 사람도 없으며
이 세상이 이동한 적도 없으며
저 세상이 바뀌어 변한 적도 없거니

疏

第四에 如是觀下는 辨觀成之相이니 望前尋思인댄 卽爲觀益이요 望後得正覺果인댄 此但如實觀成이라 文分爲三하리니 初는 約所觀十境을 如實觀成이요 二에 此中何法下는 約所成梵行을 如實觀成이요 三에 如是觀察下는 結成梵行의 淸淨之相이라

제 네 번째 이와 같이 관찰하여 마쳤다고 한 아래는 관찰하여 이루는
모습을 분별한 것이니,
앞에 찾아서 사유하여 관찰한다는 것(尋思觀)[364]을 바라본다면 곧
관찰하는 이익이 되는 것이요
뒤에 정각의 과보 얻은 것[365]을 바라본다면 이것은 다만 여실하게
관찰하여(如實觀) 이루는 것일 뿐이다.

경문을 나누어 세 가지로 하리니
처음에는 관찰할 바 열 가지 경계를 여실하게 관찰하여 이루는
것을 잡은 것이요
두 번째 이 가운데 어떤 법[366]이라고 한 아래는 이룰 바 범행을
여실하게 관찰하여 이루는 것이요
세 번째 이와 같이 관찰한다[367]고 한 아래는 법행의 청정한 모습을
맺어서 이루는 것이다.

第四如是觀下는 即如實觀成이라 此有二意하니 今從後意標名이라
言望前尋思인댄 即爲觀益者는 前來엔 作意觀察十境일새 故爲尋思

---

364 원문에 심사관尋思觀은 영인본 화엄 6책, p.17, 말행末行에 第三은 광진수상廣
    陳修相이니 즉심사관即尋思觀이라 하였다.
365 원문에 망후득정각望後得正覺은 영인본 화엄 6책, p.80, 9행이다.
366 원문에 차중하법此中何法은 영인본 화엄 6책, p.70, 3행이다.
367 원문에 여시관찰如是觀察은 영인본 화엄 6책, p.76, 5행이다.

니 卽念想觀을 猶未除故요 今엔 念想觀除일새 故爲前觀之益이니
義同四加行中에 四尋思와 四如實也니라

제 네 번째 이와 같이 관찰하여 마쳤다고 한 아래라고 한 것은
곧 여실하게 관찰하여 이루는 것이다.
여기에 두 가지 뜻[368]이 있나니
지금에는 뒤의 뜻을 좇아 이름(如實觀)을 표한 것이다.

앞에 찾아서 사유하여 관찰한다는 것을 바라본다면 곧 관찰하는
이익이 되는 것이라고 말한 것은 전래에는 뜻을 지어 열 가지 경계를
관찰하였기에 그런 까닭으로 찾아서 사유하여 관찰한다 한 것이니,
곧 생각하여 관찰하는 것(念想觀)을 오히려 제멸하지 못한 까닭이요
지금에는 생각하여 관찰하는 것을 제멸하였기에 곧 앞에 관찰하는
이익이 되는 것이니,
그 뜻이 사가행四加行 가운데 사심사관四尋思觀[369]과 사여실관四如實
觀[370]과 같다.

---

368 원문에 二意는 前에 심사尋思와 後에 득정각得正覺이다.

369 사심사관四尋思觀은 유식가唯識家의 사가행위四加行位에서 닦는 관법觀法이
니, 즉 유식삼성唯識三性에 대對하여 명의자성차별名義自性差別의 사법四法에
거짓(假)으로는 있고 진실(實)로는 없다고 관찰하지만 아직 지혜가 없어
심구尋求하고 사찰思察함을 말하는 것이다.

370 사여실관四如實觀은 이 사법四法도 내식內識을 떠나서는 진실이 없다고 관찰
하는 것이다.

疏

今初에 有十句하니 初六句는 明三輪淸淨觀이니 一은 不取能持戒
衆生이니 言身이나 兼口意也요 二는 不著所修行事요 三은 不住於
戒法이니 亦卽是事며 亦通不住前法이라 次三句는 以三時門으로
明不住持戒時며 兼釋上不取等이니 言三世推求하야도 不可得故
니라 已滅未至는 空理易明거니와 現在多滯일새 偏語空寂이니 以
刹那不住하야 過未分之일새 故空寂也라하니라

지금은 처음으로 열 구절이 있나니
처음에 여섯 구절은 삼륜이 청정함을 관찰하는 것(三輪淸淨觀)을
밝힌 것이니
첫 번째는 능히 계를 가지는 중생에게 취착하지 않는 것이니
몸을 말한 것이지만 입과 뜻도 겸한 것이요
두 번째는 수행할 바 일에 집착하지 않는 것이요
세 번째는 계법에 머물지 않는 것이니
역시 곧 수행할 바 일이며 역시 앞의 법[371]에도 머물지 아니함을
통석한 것이다.
다음에 세 구절은 삼시문三時門[372]으로써 계를 가짐에 머물지 않는
때를 밝힌 것이며 겸하여 위에 취착하지 않는다는 등도 해석한

---

371 원문에 전법前法이란, 一에 불취지계중생不取持戒衆生과 二에 불착소수행사
不着所修行事이다.

372 삼시문三時門이란 과거過去, 현재現在, 미래未來이다.

것이니,

삼세에 추구하여도 가히 얻을 수 없다는 것을 말하는 까닭이다.

과거는 이미 사라졌으며 미래는 이르지 않았다고 한 것은 공의 이치임이 쉽게 밝혀졌거니와 현재는 다분히 머물러[373] 있기에 치우쳐 공적하다고 말한 것이니,

찰나[374]가 머물지 않아서 과거와 미래가 나누어졌기에 그런 까닭으로 공적하다 한 것이다.

鈔

初六句者는 具離三輪이라 然準瑜伽第六인댄 六度에 各有三輪不同하니 施三輪者는 一은 施者요 二는 受者요 三은 施物이니 今皆離之니라 戒離三輪者는 離衆生事時分別이요 忍離三輪者는 離自他過失分別이요 進離三輪者는 離衆生高下事用分別이요 定離三輪者는 離境界衆生惑分別이요 般若離三輪者는 離境界智衆生分別이 今言六句明三者는 一은 卽離衆生이요 二三은 皆離事니라 言亦通不住前法者는 以第三句는 通不住前衆生及事니 不住卽離故니라 次三句三時門은 通是離時耳니라 兼釋上不取等者는 卽以三時로 釋上三句니 不取等者는 等取不著과 不住라 以刹那不住하야 過未分之者는 刹那生時에 未生卽未요 已生卽過일새 故云已未分之라하니라 影公云호대 如疾炎過鋒이며 奔流遡刃이며 刃上一毫가 亦爲二分일새 故

無現在라하니 故空寂也라하니라

처음에 여섯 구절이라고 한 것은 삼륜을 갖추어 떠나는 것이다.
그러나 『유가론』 제육권을 기준한다면 육바라밀에 각각 삼륜이
같지 아니함이 있나니
보시의 삼륜은 첫 번째는 보시하는 사람이요
두 번째는 받는 사람이요
세 번째는 보시하는 물건이니,
지금에는 다 그것을 떠난[375] 것이다.
지계에 삼륜을 떠나는 것은 중생과 수행할 일과 시간의 분별을
떠나는 것이요
인욕에 삼륜을 떠나는 것은 자기와 다른 사람과 허물의 분별을
떠나는 것이요
정진에 삼륜을 떠나는 것은 중생[376]과 고하高下[377]와 사용事用[378]의
분별을 떠나는 것이요
선정에 삼륜을 떠나는 것은 경계와 중생과 번뇌의 분별을 떠나는

---

375 지금에는 다 그것을 떠났다고 한 것은 위에서는 삼륜三輪을 열거하고 여기서
는 삼륜을 떠남을 밝힌 것이니, 위에 삼륜을 가리켜 지금에 다 그것을 떠난다
말한 것이고 지금 경이 다 보시의 세 가지를 떠났다고 말한 것은 아니다.
역시 『잡화기』의 말이다.
376 중생衆生이라고 한 것은 능진能進의 중생衆生이다.
377 고하高下라고 한 것은 정진精進의 고하高下이다.
378 사용事用이라고 한 것은 소진所進의 사용事用이다.

것이요

반야에 삼륜을 떠나는 것은 경계와 지혜와 중생의 분별을 떠나는 것이다.

지금에 처음 여섯 구절은 삼륜이 청정함을 밝힌 것이라고 말한 것은 첫 번째[379]는 곧 중생을 떠나는 것이요

두 번째와 세 번째는 수행할 바 사실을 떠나는 것이다.

역시 앞의 법에도 머물지 아니함을 통석한 것이라고 한 등은 제삼구[380]는 앞에 계를 가지는 중생과 수행할 바 일에도 머물지 아니함을 통석한 것이니

머물지 않는 것이 곧 떠나는 까닭이다.

다음에 세 구절은 삼시문이라고 한 것은 삼시 떠남을 통석한 것이다.

겸하여 위에 취착하지 않는다는 등도 해석한 것이라고 한 것은 곧 삼시로써 위에 삼구를 해석한 것이니,

취착하지 않는다는 등이라고 한 것은 집착하지 않는다는 것과 머물지 않는다는 것을 등취한 것이다.

찰나가 머물지 않아서 과거와 미래가 나누어졌다고 한 것은 찰나가 생기할 때에 아직 생기하지 아니한 것은 곧 미래요

---

379 원문에 一이란, 삼륜三輪 가운데 初一이다.

380 제삼구第三句란, 부주어계법不住於戒法이다.

이미 생기한 것은 곧 과거이기에 그런 까닭으로 말하기를 과거와
미래가 나누어졌다 하였다.
영공법사가 말하기를 빠른 불길이 칼날을 이기며[381] 세차게 흐르는
물이 칼날을 이기며 칼날 위에 한 티끌이 또한 이분二分이 있는
것과 같기에 그런 까닭으로 현재가 없다 하였으니,
그런 까닭으로 공적하다 한 것이다.

疏

次二句는 明二空觀成이니 作受者는 人이요 業報는 是法이라 後二
句는 以不遷理로 釋成因果空義니 此世不移動은 謂不從今至後
요 彼世不改變은 謂不從後至今이니 是爲因自昔滅하야 無力感
果하고 果不俱因하야 無力酬因거니 何有報受리요 以物各性住며
性本空故니라

다음에 두 구절은 두 가지가 공함을 관찰(二空觀)하여 이루는 것을
밝힌 것이니,
짓는 것과 받는 것은 사람이요
업과 과보는 법이다.
뒤에 두 구절은 옮기지 않는 진리로써 인과가 공한 뜻을 해석하여
성립한 것이니

---

381 원문에 여질염과봉如疾炎過鋒이란, 칼날(鋒)의 좌左와 우右로써 과거過去와
미래未來를 삼고, 칼날(鋒)의 상上으로써 현재現在를 삼는 것이다.

이 세상이 이동한 적이 없다고 한 것은 말하자면 금세를 좇아 후세에
이르는 것이 아니요
저 세상이 바뀌어 변한 적이 없다고 한 것은 말하자면 후세로 좇아
금세에 이르는 것이 아니니,
이것은 원인이 스스로 옛날에 사라져서 과보를 감득함에 힘이 없고
과보가 원인과 함께하지 아니하여 원인을 갚음에 힘이 없거니 어찌
과보를 받을 수 있겠는가.
사물이 각각 자성이 머무르며 자성이 본래 공한 까닭이다.

鈔

後二句者는 卽肇公不遷論意니 問明已用이나 今復用之하니라 疏文
有四하니 一標요 二에 此世下는 用論釋經이라 論云호대 是爲昔物이
自在昔하야 不從今以至昔이요 今物이 自在今하야 不從昔以至今이
라 故仲尼曰호대 回也아 見新交臂가 非故아하니 如斯則物이 不相往
來가 明矣니라 三에 是爲因自昔滅下는 以論意로 出經意라 四에 以物
各性住下는 釋不遷所以니 上句는 卽肇論所以이요 後에 性本空故는
疏出所以니 亦是論意라 如下云호대 旣無往返之微朕거니 復何物而
可動哉아하며 又云호대 是以로 言常而不住요 稱去而不遷하나니 不
遷故로 雖往而常靜이요 不住故로 雖靜而常往이라 雖靜而常往일새
故往而不遷이요 雖往而常靜일새 故住而不留矣라하니 斯則卽動卽
靜之義니라 故前標云호대 必求靜於諸動일새 故雖動而常靜이라하
얏거니와 但以正釋에 卽言物各性住라하니 則唯前意요 斯則假其性

住하야 破其遷流耳니라

뒤에 두 구절이라고 한 것은 곧 승조법사의 「불천론」의 뜻이니
문명품에 이미 인용하였지만 지금에 다시 인용하였다.
소문에 네 가지가 있나니
첫 번째는 한꺼번에 표한 것이요
두 번째 이 세상이 이동한 적이 없다고 한 것이라 한 아래는 「불천론」
을 인용하여 경문을 해석한 것이다.
「불천론」에 말하기를 이것은 옛날에 사물이 스스로 옛날에 있어서
지금으로 좇아 옛날에 이른 것도 아니고, 지금에 사물이 스스로
지금에 있어서 옛날로 좇아 지금에 이른 것도 아니다. 그런 까닭으로
공자가 말하기를[382] 안회야, 새롭게 서로 잡는 손[383]이 옛 손이 아닌
줄 보는가 하였으니,
이와 같다면 곧 사물이 서로 왕래하지 않는 것이 분명한 것이다.

세 번째 이것은 원인이 스스로 옛날에 사라졌다고 한 아래는 「불천
론」의 뜻으로써 지금 경의 뜻을 설출한 것이다.

---

382 공자(仲尼)가 말하였다고 한 것은 『장자』에서 공자의 말을 인용한 것을
  『조론』에서 성조법사가 인용한 것이다. 본래 『장자』에서는 공자가 안회에게
  말하기를 나는 너와 함께 한 번 팔을 스치는 사이에 잃어버렸으니 슬프지
  않겠는가 하였다.
383 원문에 교비交臂는 공수拱手이니 경의를 표하는 것, 또는 서로 손을 마주
  잡는 것이다.

네 번째 만물이 각각 자성이 머문다고 한 아래는 옮겨가지 않는 까닭을 해석한 것이니,

위에 구절은 곧 『조론』에서 옮겨가지 않는 까닭을 설출한 것이요 뒤에 자성이 본래 공한 까닭이라고 한 것은 소가疏家가 옮겨가지 않는 까닭을 설출한 것이니 역시 「불천론」의 뜻이다.

저 『조론』이 아래에 말하기를[384] 이미 왕래하는 작은 조짐[385]도 없거니 다시 무슨 사물이 이동하겠는가 하였으며

또 말하기를[386] 이런 까닭으로 항상 머문다 말하지만 머물지 않고, 떠나간다 말하지만 옮겨가지 않나니,

옮겨가지 않는 까닭으로 비록 가지만 항상 고요히 머물고, 머물지 않는 까닭으로 비록 고요히 머물지만 항상 가는 것이다.

비록 고요히 머물지만 항상 가기에 그런 까닭으로 가지만 옮겨가지 않고, 비록 가지만 항상 고요히 머물기에 그런 까닭으로 머물지만 머물지 않는다 하였으니,

이것은 곧 이동함에 즉하고 고요히 머무름에 즉하는 뜻이다.

그런 까닭으로 앞에 한꺼번에 표하여 말하기를 반드시 고요히 머무는 것을 모든 이동함에서 구하기에 그런 까닭으로 비록 이동하지만 항상 고요히 머문다 하였거니와, 다만 바로 해석함에[387] 곧 말하기를

---

384 원문에 여하운如下云이란, 영인본 화엄 6책, p.69, 4행 『조론』의 왕래명의往來 明矣 바로 아래에 있다.

385 원문에 미짐微眹은 작은 조짐을 말한다.

386 원문에 우운又云이란, 『조론』의 「불천론」, 하물이동재何物而動哉라 한 아래 (下) 7행 뒤에 있는 말이다.

사물이 각각 자성이 머문다 하였으니 곧 오직 앞의 뜻[388]뿐이요 여기 뜻[389]은 곧 그 자성이 머문다는 것을 가자하여 그 사물이 천류한다는 것을 깨뜨린 것이다.

---

387 다만 바로 해석함에 운운은 어떤 사람의 뜻에 말하기를 위에 인용한 바가 이미 다 자성이 공한 것이라고 한다면 곧 어떻게 상구上旬는 곧 『조론』에 옮겨가지 않는 까닭(영인본 화엄 6책, p.69, 5행)이라 하고, 하구下旬는 소가가 옮겨가지 않는 까닭을 설출한 것이라(영인본 화엄 6책, p.69, 6행에는 뒤에 자성이 본래 공한 까닭이라고 한 것은 소가가 옮겨가지 않는 까닭을 설출한 것이라 하였다) 하는가 하기에 그런 까닭으로 해석한 것이니, 그 해석하는 가운데 다만 앞에 뜻(자성이 공한 것이라고 한 것이다)만 있을 뿐인 까닭이다. 역시 『잡화기』의 말이다.

388 앞의 뜻이란, 물각성주物各性住이다.

389 여기 뜻이란, 성본공고性本空故이다.

經

此中何法이 名爲梵行아 梵行從何處來아 誰之所有아 體爲是誰
아 由誰而作아 爲是有爲是無아 爲是色爲非色아 爲是受爲非受
아 爲是想爲非想아 爲是行爲非行아 爲是識爲非識아

이 가운데 어떤 법이 이름이 범행이 됩니까.
범행이 어느 곳으로 좇아옵니까.
누구의 소유입니까.
자체가 무엇이 됩니까.
누구를 인유하여 조작합니까.
이것이 있는 것이 됩니까, 이것이 없는 것이 됩니까.
이것이 색色이 됩니까, 색이 아닌 것이 됩니까.
이것이 수受가 됩니까, 수가 아닌 것이 됩니까.
이것이 상想이 됩니까, 상이 아닌 것이 됩니까.
이것이 행行이 됩니까, 행이 아닌 것이 됩니까.
이것이 식識이 됩니까, 식이 아닌 것이 됩니까.

疏

二는 約所成梵行에 如實觀成者는 有十一句하니 初句는 總顯無
名이니 十已空故라 餘句爲別이니 一은 不從十生이요 二는 非屬身
等이니 皆十已空故라 上二句는 約緣以徵이요 次二句는 就體以徵
이니 初句는 明離前十外에 無別無作戒體니 十外有體인댄 不假前

十이리라 次句는 亦無有作이니 作之受隨는 前已空故니라 次句는
雙非顯中이니 無性防非故니라

두 번째 이룰 바 범행에 여실하게 관찰하여 이름을 잡은 것은 열한
구절이 있나니
처음 구절은 이름할 수 없음을 한꺼번에 나타낸 것이니
열 가지가 이미 공한 까닭이다.
나머지 구절은 따로 해석한 것이니
첫 번째는 열 가지로 좇아 나온 것이 아니요
두 번째는 몸 등에도 속하지 않는 것이니
다 열 가지가 이미 공한 까닭이다.
위에 두 구절은 인연을 잡아 물은 것이요
다음에 두 구절은 자체에 나아가 물은 것이니
처음 구절[390]은 앞의 열 가지 밖에 따로 조작 없는 계체가 없음을
밝힌 것이니
열 가지 밖에 계체가 있다고 한다면 앞에 열 가지를 가자하지 않았을
것이다.
다음 구절[391]은 또한 조작한 적이 없는 것이니
조작한 수계受戒와 수계隨戒[392]는 앞에 이미 공한 까닭이다.

---

390 初句는 체위시수體爲是誰이다.

391 次句는 유수이작由誰而作이다.

392 수계受戒, 수계隨戒는 영인본 화엄 6책, p.59, 7행이니 원문原文은 같은
    책 p.57이다. 그 소문疏文에 종연성계從緣成戒인댄 계성여공戒性如空이라

다음 구절[393]은 쌍비雙非[394]로 중도를 나타낸 것이니
자성이 없는 것으로 아님을 막는 까닭이다.

疏

次五句는 約五陰이니 有二意라 一은 就戒體니 有說호대 無作戒體
는 體卽是色이라하며 有說호대 非色非心이라하니 五蘊之內에 初
一是色이요 後四是心이라 今言爲是色者는 顯非是色이니 以其所
立은 無表依表生일새 表色無表色이라 今明觀意는 表色尚空거니
何有無表이리요하나라 爲非色者는 顯非非色也니 從色生於戒도
尚不名爲色이어든 從色生於戒가 豈是非色耶아 言爲是識者는
意顯非心이니 若言是心者인댄 一切皆有心일새 應常有梵行이리
니 是知非心也요 若言非心인댄 木石應梵行이리니 是知非非心也
요 若言非色非心일새 行蘊攝者인댄 但是行蘊을 應皆名戒리라 二
는 就修行이니 梵行之人이 不離五蘊하고 若卽蘊者인댄 有蘊皆梵
行이요 若離蘊者인댄 豈是我梵行이리요 故後結云호대 皆不可得
이라하니라

다음에 다섯 구절[395]은 오음을 잡은 것이니 두 가지 뜻이 있다.

하였다.

393 次句는 위시유위시무爲是有爲是無이다.
394 쌍비雙非는 비유비무非有非無이다.
395 원문에 次五句란, 위시색爲是色 이하이다.

첫 번째는 계체에 나아간 것이니,
어떤 사람이 말하기를 조작이 없는 계체는 자체가 곧 이 색이다
하였으며
어떤 사람이 말하기를 색도 아니고 마음도 아니다 하였으니,
오온 안에 처음에 일온은 이 색이요 뒤에 사온은 이 마음이다.

지금에 이것이 색이 되는가 하고 말한 것은 이것은 색이 아님을
나타낸 것이니,
그[396]가 성립한 바는 무표색이 표색을 의지하여[397] 생기하기에 표색도

---

396 원문에 이기以其의 其란, 유종有宗, 즉 살바다종이다.
397 표색을 의지하여 운운은 원문에 의표依表하여 생표색生表色과 무표색無表色
이라고 한 것은, 논에 말하기를 곧 색업을 의지하여 표색을 생기하는 것이니
표색은 곧 오경五根과 오경五境이니 표시가 있어서 다른 사람으로 하여금
알게 하는 까닭이요, 무표색은 표업과 그리고 선정 가운데 선색善色과 불선색
不善色을 무표색이라 이름하나니, 이것을 인유하여 무표색이 비록 색업으로
써 자성을 삼지만 표시가 있으되 그러나 표시가 없는 것으로 다른 사람으로
하여금 알게 하는 까닭으로 무표색이라 이름한다 하였으니 이것은 설일체유
부(살바다부-유종有宗)에 통하는 것이다. 만약 오직 계만 잡는다면 곧 단장壇
場의 궤칙軌則은 이 표업이고 스승을 따라 계를 받는 것은 이 유표수受이고
계의 모습이 허공과 같은 것은 이 무표지持이다. 이상은 논을 의지하여
해석하였거니와, 만약 이 가운데 문장의 뜻을 간찰看察한다면 곧 무표색이
표색을 의지하여 생기함에 표색이 이 색인 까닭으로 무표색도 또한 색이라
하기에 지금 그것을 깨뜨리는 뜻에 말하기를 능히 생기하는 표색도 오히려
공하거니 생기할 바 무표색이 어찌 있겠는가 한 것이다. 그런 까닭으로
아래에 말하기를 이 두 가지 뜻이 다 표색을 의지하여 무표색을 이룬다

색이요 무표색도 색³⁹⁸이라는 것이다.

그러나 지금에 관찰하는 뜻을 밝힌 것은 표색도 오히려 공하거니 어찌 무표색이 있겠는가 한 것이다.

색이 아닌 것이 되는가 한 것은 색이 아니라는 것도 아님을 나타낸 것이니,

색을 좇아 계체를 생기하는 것도 오히려 색이라 이름할 수 없거든 색을 좇아 계체를 생기하는 것이 어찌 색이 아니겠는가.

이것이 식이 되는가³⁹⁹ 하고 말한 것은 뜻은 마음이 아님을 나타낸 것이니,

만약 이것이 마음이라고 말한다면 일체가 다 유심이기에 응당 항상

하였다(영인본 6책, p.74, 7행에 비록 두 가지 뜻이 있으나 아울러 표색을 의지하여 무표색의 뜻을 성립한다고 한 것을 뜻으로 인용한 것이다). 이상은 다 『잡화기』의 말이다. 단 나는 生 자를 위로 붙여 表生"일새" 토이고 『잡화기』는 생표색生表色과 토이나 뜻은 같다 하겠다.

398 원문에 무표의표생無表依表生일새 표색무표색表色無表色이라고 한 것은 계戒에 유표계有表戒와 무표계無表戒가 있으나 모두 다 표색表色을 의지하여 생기하는 까닭으로 함께 색色이라는 이름을 얻는 것이다. 위에 진자권辰字卷에서 표表·무표無表는 두 가지 업業을 잡은 것이고, 나머지는 어업語業 운운이라 하였으니, 즉 신업身業은 유표계有表戒요, 의업意業은 무표계無表戒이다. 더 나아가 신지계身地戒는 유표계有表戒요, 심지계心地戒는 무표계無表戒이다.

표색무표색表色無表色이라고 한 것은 古吐에 表色"이" 無表色"이라" 하였다.

399 이것이 식이 되는가 한 것은 뒤에 네 가지가 다 이 마음인 까닭으로 다만 뒤에 말을 들어 처음에 말을 섭수한 것뿐이다. 역시 『잡화기』의 말이다.

범행이 있을 것이니 이에 마음이 아닌 줄 알 것이요

만약 마음이 아니라고 말한다면 목석도 응당 범행일 것이니 이에 마음이 아니라는 것도 아닌 줄 알 것이요

만약 색도 아니고 마음도 아니기에 행온에 섭수된다고 말한다면 다만 이 행온만을 응당 다 계체라고 이름해야 할 것이다.

두 번째는 수행에 나아간 것이니,

범행을 닦는 사람이 오온을 떠나지 않고 만약 오온에 즉한다고 한다면 오온에 있는 것이 다 범행일 것이요

만약 오온을 떠난다고 한다면 어찌 이것이 나의 범행이겠는가. 그런 까닭으로 뒤[400]에 맺어 말하기를 다 가히 얻을 수 없다 하였다.

鈔

有說호대 無作戒體等者는 卽薩婆多宗也요 有說호대 非色非心者는 卽曇無德宗이니 依成實論立이라 今言爲是色者는 其爲是之言이 此 徵辭也라 故雙徵云호대 爲是色爲非是色은 徵此二法이 俱不可得이 니 應假答云호대 亦是色亦非色이라하리라 今疏에 離斯二句하야 便 破兩宗하니 上句는 破有宗이요 下句는 破德宗이라 今初에 顯非是色 은 正破色也요 以其所立者는 卽出有宗의 所立色爲戒體文也니라 然俱舍界品에 立有無表色이 有三師義하니 一은 雜心師云호대 表色 有變礙하고 無表隨彼일새 亦受色名이니 如樹動時에 影必隨動이라

---

400 뒤란, 영인본 화엄 6책, p.79이다.

하니 論主難云호대 此釋不然이라 無變礙故며 又表滅時에 無表應滅
하나니 如樹滅時에 影必隨滅이라하니라 二云호대 有釋所依의 大種變
礙일새 故無表業도 亦名爲色이라하니라 卽有宗義니라 若爾인댄 所依
有變礙일새 故眼識等五도 亦應名色이리라하니 此難不齊니라 無表
가 依止大種轉時에 如影依樹하며 光依珠寶어니와 眼識等五가 依眼
等根은 則不如是하나니 唯能爲作助生緣故라하니라 意云호대 不應
以眼等이 爲增上緣之疎依로 難親緣故也니라 論主又破云호대 以影
依樹하며 光依寶言으로 且非扶順毘婆沙義니 彼宗影等은 顯色極微
하야 各自依止四大種故라하며 論主가 又縱破云호대 設許影光이 依
止樹寶라도 而無表色은 不同表依하나니 彼許所依의 大種雖滅이나
而無表色은 不隨滅故라하니라 三은 復有別釋호대 彼所難言호대 眼
識等五는 所依不定하니라 或有變礙니 謂眼等根이요 或無變礙니 謂
無間意어니와 無表所依는 則不如是일새 故前所難이 定爲不齊니 變
礙名色이 理得成就라하니 此卽論主가 成第二師일새 故名第三이라
하니라

어떤 사람이 말하기를 조작이 없는 계체라고 한 등은 곧 살바다종[401]
이요
어떤 사람이 말하기를 색도 아니고 마음도 아니라고 한 것은 곧
담무덕종이니 성실론을 의지하여 세운 것이다.

---

401 살바다종은 유종有宗이다.

지금에 이것이 색이 되는가 하고 말한 것이라고 한 것은 그[402]가
이것이 되는가(爲是)라고 말한 것이 이것이 묻는 말이다.

그런 까닭으로 함께 물어 말하기를 이것이 색이 되는가, 색이 아닌
것이 되는가 한 것은 이 두 가지 법[403]이 함께 가히 얻을 수 없음을
물은 것이니,

응당 거짓으로 답하여 말하기를 또한 이것이 색이 되며 또한 색이
아닌 것이 된다 해야 할 것이다.

지금 소문에서 이 두 구절을 떠나 문득 두 종파를 깨뜨렸으니,

위에 구절은 유종有宗[404]을 깨뜨린 것이요

아래 구절은 담무덕종을 깨뜨린 것이다.

지금은 처음으로 이것[405]은 색이 아닌 것을 나타낸다고 한 것은
바로 색을 깨뜨린 것이요

그[406]가 세운 바라고 한 것은 곧 유종에서 세운 바 색이 계체가
된다고 한 문장을 설출한 것이다.

그러나 『구사론』의 계품界品에 유표색과 무표색을 세운 것이 삼사三
師의 뜻이 있나니[407]

---

402 원문에 기위其爲의 其란, 곧 법혜보살法慧菩薩이니, 이 보살菩薩이 정념천자正
念天子에게 반문反問한 것이다. 그러나 소가疏家는 살바다와 담무덕의 뜻을
깨뜨리고 있다.

403 원문에 이법二法은 색色과 비색非色이다.

404 유종有宗은 살바다종이다.

405 색色 자 위에 시是 자가 빠졌다.

406 그(其)란, 살바다종이다.

407 삼사三師의 뜻이 있나니 운운은 『잡화기』에 말하기를 무표색을 세운 바

첫 번째는 잡심사雜心師[408]가 말하기를 유표색은 변하거나 걸림이 있고 무표색은 저 유표색을 따르기에 또한 색이라고 이름함을 얻나니 마치 나무가 움직일 때에 그림자도 반드시 따라 움직이는 것과 같다 하니,

논주가 비난하여 말하기를 이렇게 해석하는 것은 맞지가 않다. 변하거나 걸림이 없는 까닭이며, 또 유표색이 사라질 때에 무표색도 응당 사라지나니 마치 나무가 사라질 때에 그림자도 반드시 따라 사라지는 것과 같다 하였다.

두 번째 스님은 말하기를 어떤 사람이 해석하되 의지하는 바[409]

가운데 첫 번째 잡심사가 세운 뜻은 무표색이 다만 저 변하여 장애함이 있는 색을 따르는 까닭으로 무표색도 또한 색이라 말하는 것이다. 그런 까닭으로 구사론주의 깨뜨리는 뜻에 말하기를 만약 다만 저 잡심논사의 뜻만 따른다면 이것은 무표색이라는 색자色字로 하여금 변하여 장애함이 없음을 이룰 것이다 하였다. 제 두 번째 스님이 세운 뜻은 무표업이 친히 사대종四大種이 변하여 장애함을 의지하여 있는 까닭으로 색이라 말하는 것이니, 이것은 무표색이 변하여 장애 이룬다는 뜻을 얻을 것이지만 다만 그 스님이 세운 뜻의 예가 정당하지 않는 까닭으로 그 스님의 뜻을 깨뜨리고 제 세 번째 스님(영인본 6책, p.74, 3행)에 이르러 구원하기를 구사론주가 도리어 제 두 번째 스님의 변하여 장애하기에 무표색도 색이라는 논리가 정당함을 얻는다 하였다. 이상은 『잡화기』의 말이나 차하에 번역한 초문을 차례대로 잘 읽어 가면 쉽게 이해가 될 것이다.

408 잡심사雜心師는 『잡심론雜心論』 혹 『잡아비담심론』이니, 법승法勝이 지은 『아비담심론』 4권을 법구法救가 11권으로 짓고 승가발마가 번역하였다.

409 의지하는 바 사대종四大種이라고 한 것은 『구사론』에 말하기를 지·수·화·풍이 능히 가지는 자상自相과 그리고 지을 바 색이 세계(界)가 되고 일체

사대종四大種⁴¹⁰이 서로 변하여 장애⁴¹¹하기에 그런 까닭으로 무표색
도 또한 이름이 색이 된다 하였으니, 곧 유종有宗의 뜻이다.

만약 그렇다면⁴¹² 의지하는 바가 서로 변하여 장애함이 있기에 그런
까닭으로 안식 등 오식도 또한 응당 색이라 이름할 것이다 하니,
이렇게 비난하는 것은 바르지가 않다. 무표색이 사대종을 의지⁴¹³할
때는 마치 그림자가 나무를 의지하며 빛이 진주보배를 의지하는
것과 같거니와 안식 등 오식이 안근 등 오근을 의지하는 것은 곧
이와 같지 않나니, 오직 능히 일어남을 도우는 연緣을 짓기 위한
까닭일 뿐이다 하였다.

그 뜻에 말하기를⁴¹⁴ 응당 안식 등이 증상연⁴¹⁵의 소의疏依⁴¹⁶가 되는

나머지 색이 의지할 바 자성이 되기에 그런 까닭으로 사대종이라 이름하는
것이니 이 사대종의 자체가 관대하고 넓은 까닭이다 하였다. 그렇다면
곧 계戒도 사대종으로써 원인을 삼는 것이 반드시 그러할 것이다. 역시
『잡화기』의 말이다.

410 사대종四大種은 지地, 수水, 화火, 풍風이다.

411 원문에 변애變礙는 형체形體가 있어 서로 막고 막히는 것을 말한다.

412 만약 그렇다면 운운한 것은 외도가 제 두 번째 스님을 비난하는 것이고,
이렇게 비난하는 것이라고 한 아래는 제 두 번째 스님이 답한 것이니, 이
답에 이끌어온 예가 그 정당함을 얻을 수 없는 까닭으로 끝내 구사론주의
깨뜨리는 바를 입은 것이다. 역시 『잡화기』의 말이다.

413 上 자는, 본론(『구사론』)에는 止 자로 되어 있다. 『잡화기』의 말이다. 이
본은 이미 교정되어 있다.

414 그 뜻에 말하였다고 한 것은 초가가 그 뜻을 해석한 것이니, 이미 안식
등이라고 하였다면 안식 등이 증상연의 소의疏依가 되고, 사대종을 의지한다
고 하였다면 무표색의 친의親依가 되는 것이니, 곧 가히 저 소의로써 이

것으로써 친연親緣을 비난할 수 없다는 까닭이다.

논주가 또 깨뜨려 말하기를 그림자가 나무를 의지하며 빛이 보배를 의지한다는 말로써 또한 『비바사론毘婆沙論』[417]의 뜻을 부순符順할 수 없다는 것이니, 저 종에서 그림자가 나무를 의지한다고 한 등은[418] 현색顯色[419]이 지극히 작아서 각각 스스로 사대종을 의지하는 까닭이다 하였으며

논주가 또 종縱으로 깨뜨려 말하기를 설사 그림자와 빛이 나무와

친의를 비난하지 말 것이다. 역시 『잡화기』의 말이다.

415 증상연增上緣이라고 한 것은 삼연三緣의 하나(一)이니 삼연은 1. 친연親緣, 2. 근연近緣, 3. 증상연增上緣이다.

사연四緣은 1. 인연연因緣緣, 2. 등무간연等無間緣, 3. 소연연所緣緣, 4. 증상연增上緣이다.

416 소의疏依는 먼 의지, 성근 의지. (疏: 성글다는 틀린 말. 성기다가 본말이다.)

417 『비바사론毘婆沙論』은 『아비달마대비바사론阿毘達磨大毘婆沙論』의 준말이니 2백 권으로 『발지론發智論』을 해석한 것이다. 설일체유부說一切有部의 근본根本 경전이다. 『잡화기』는 『비바사론毘婆沙論』은 이 『구사론』의 종 삼는 바 논이라 하였다.

418 저 종에서 그림자가 나무를 의지한다고 한 등이라 운운한 것은 그 뜻에 말하기를 비바사종 가운데 이미 말하기를 빛과 그림자와 연기와 구름 등은 이 현색이 지극히 작아서 각각 스스로 사대종을 의지한다고 하였다면 곧 응당 빛과 그림자가 보배와 나무를 의지한다고 말할 수 없다는 것이다. 역시 『잡화기』의 말이다.

419 현색顯色은 그때그때 나타나 볼 수 있는 색이니, 청·황·적·백·구름·연기·티끌·안개·그림자·햇빛·밝음(햇빛 밖의 빛)·어둠 등 12종이다.

형색形色은 장長·단短·방方·원圓·고高·하下·정正·부정不正 등 8종이니 즉 만들어져 있는 물체(形體)를 말한다.

보배를 의지한다고 함을 허락할지라도 무표색은 표색을 의지하는
것과는 같지 않나니, 저⁴²⁰ 표색이 의지하는 바 사대종은 비록 사라진
다 허락하지만 무표색은 따라서 사라지지 않는 까닭이다 하였다.
세 번째 스님은 다시 어떤 사람이 따로 해석하되 저⁴²¹가 비난한
바에⁴²² 말하기를 안식 등 오식이라고 한 것은 의지하는 바가 일정하
지가 않다.
혹은 변하여 장애함이 있기도 하나니 말하자면 안근 등 오근이요,
혹은 변하여 장애함이 없기도 하나니 말하자면 무간의 의식(無間
意,)⁴²³이거니와 무표색의 의지하는 바는 곧 이와 같지 않기에 그런
까닭으로 앞에서 비난한 바⁴²⁴가 결정코 바르지 않는 것이 되는
것이니, 변하여 장애하는 것을 색이라 이름하는 것이 이치가 성취함
을 얻는다 하였으니,

---

420 원문에 부동표不同表라 한 표表는 구사본론에는 피彼라 하고, 피허彼許라
　　한 피彼는 『비바사론』을 가리키는 것이라고 『잡화기』는 말하나, 나는 표表
　　자는 그대로 두고 피彼 자는 표색으로 보았다.
　　피彼란, 제이사第二師, 혹은 표색表色으로 보기도 한다.
421 저란, 第二師中의 말이다.
422 저가 비난한 바에 운운한 것은 제 두 번째 스님의 말 가운데 뜻이다. 『잡화
　　기』는 말하기를 이것은 위에 만약 그렇다면 운운하여 비난한 것을 통석한
　　것이니 이미 저 안식 등이 혹 색을 의지하거나 혹 의意를 의지하여 의지하는
　　바가 일정하지 않는 것이요 여기에 무표색은 곧 오직 사대종만 의지하나니
　　결정코 이것은 변하여 장애하는 것으로써 가히 저가 이것을 비난할 수
　　없는 것이다 하였다.
423 이 가운데 무간의無間意라고 한 것은 곧 제칠식이라고 『잡화기』는 말한다.
424 원문에 전소난前所難이란, 第二師中의 意이다.

이것은 곧 논주가 제 두 번째 스님을 성립한 것이기에 그런 까닭으로 이름을 제 세 번째 스님이라 한 것이다.

釋曰上來三義가 但是二意니 以其第三으로 成第二故니라 雖有二義나 並依色成無表色義라 故涅槃云호대 菩提王子가 意疑호대 比丘가 善心受戒라가 至惡無記하면 應名失戒라하니 故經間云호대 若有比丘가 護持禁戒라가 若發惡心인댄 當知是時에 失比丘戒니다 佛言하사대 戒有七種하니 從於身口로 有無作色하야 以是無作色의 因緣故로 其心이 雖在惡無記中이나 不名失戒하고 猶名持戒니라 以何因緣으로 名無作色고 非異色因이며 不作異色因果라하니라 釋曰此有兩重問答之意호대 前答不失戒因이니 因無表故요 後에 非異色因下는 自釋無表가 得色名由니라 言非異色因者는 明以色爲因이니 不是異色之外에 別物爲因이라 言不作異色因果者는 明作色果也니 不作異色之外에 別物之果니라 既以色爲因인댄 與色作果일새 故無表戒가 得成色也리라 若將此文하야 釋不失戒인댄 則成不知問答之本하리라 餘諸異義는 恐繁且止하노라 今明觀意는 但取彼立의 無表是色하야 而爲所破하고 不剋定彼의 無表色義하니라 若取文同인댄 即雜心義요 不同俱舍하니 彼破는 立義不正이요 今破는 遣相顯理니라 爲非色者는 破德宗意니 彼立意云호대 非變礙故로 不可爲色이요 非慮知故로 不可名心이라하니 即非色非心일새 心不相應行攝이라 破意可知니라

해석하여 말하면 상래에 삼사三師의 뜻이 다만 두 가지 뜻[425]뿐이니

그 제 세 번째 스님의 뜻으로써 제 두 번째 스님의 뜻을 성립하는 까닭이다.

비록 두 가지 뜻이 있지만 모두 유표색을 의지하여 무표색의 뜻을 성립한 것이다.

그런 까닭으로 『열반경』에[426] 말하기를 보리왕자가 마음에 의심하기를 비구가 선심으로 계를 받았다가 악업과 무기업에 이른다면 응당 이름을 계를 잃었다 할 것이다 하였으니, 그런 까닭으로 『열반경』에 물어 말하기를 만약 어떤 비구가 금계를 호지하였다가 만약 악한 마음을 일으킨다면 마땅히 이때에 비구계를 잃은 줄 알아야 할 것입니다.

부처님이 말씀하시기를 계에 일곱 가지가 있나니[427] 몸과 입[428]을 좇아 무작색無作色[429]이 있어서 이 무작색의 인연인 까닭으로 그 마음이 비록 악업과 무기업 가운데 있지만 계를 잃었다 이름하지 않고 오히려 계를 가진다 이름하는 것이다.

무슨 인연으로써 이름을 무작색이라 하는가.

다른 색(異色)의 원인이 되지 아니하며 다른 색의 인과를 짓지 않는다

---

425 원문에 삼의三意라는 삼三은 이二의 잘못인 듯하다고 『잡화기』는 말한다.

426 『열반경』을 인용한 것은 다만 저 무표색을 증거한 것뿐이라고 『잡화기』는 말한다.

427 원문에 계유칠종戒有七種은 身三과 口四이다. 『잡화기』도 이와 같이 말하였다.

428 몸과 입(身口)은 유표색有表色이다.

429 무작색無作色은 계체戒體를 무작색無作色이라 하나니, 곧 계戒가 무표색無表色이라는 말이다. 무작계無作戒가 곧 무작색無作色이다.

하였다.

해석하여 말하면 여기에 양중兩重으로 묻고 답한 뜻이 있으되 앞에서는 계를 잃지 않는 원인을 답한 것이니 원인이 무표색인⁴³⁰ 까닭이요 뒤에 다른 색의 원인이 되지 않는다고 한 아래는 스스로 무표색이 색이라고 이름함을 얻는 이유를 해석한 것이다.

다른 색의 원인이 되지 않는다고 말한 것은 색으로써 원인이 됨을 밝힌 것이니, 다른 색 밖에 별다른 사물이 원인이 되지 않는 것이다.

다른 색의 인과를 짓지 않는다고 말한 것은 색으로 과보를 지음을 밝힌 것이니, 다른 색 밖에 별다른 사물의 과보를 짓지 않는 것이다. 이미 색으로써 원인이 되었다면 색으로 더불어 과보를 짓기에 그런 까닭으로 무표계無表戒가 색을 이룸을 얻는 것이다.
만약 이 문장⁴³¹을 가져 계를 잃지 않았다는 것을 해석한다면 곧 묻고 답하는⁴³² 근본 뜻을 알지 못함을 이룰 것이다.
나머지 모든 다른 뜻⁴³³은 번잡함을 싫어하여 우선 그친다.

---

430 원인이 무표색이라고 한 등은 그 뜻에 말하기를 계가 마음에 속한다면 곧 악한 마음을 일으킴을 따라 곧 망실함을 이룰 것이지만, 지금에는 이미 이 무표색인 까닭으로 그렇지 않은 것이다. 역시 『잡화기』의 말이다.
431 이 문장이란, 다른 색의 원인이 되지 않는다고 한 말을 가리키는 것이다. 역시 『잡화기』의 말이다.
432 곧 묻고 답하는 운운한 것은 대개 이 묻고 답하는 근본 뜻이 다만 계를 잃지 않았다는 것을 해석함에 있을 뿐만이 아니라 또한 반드시 계가 무표색을 이룬다는 뜻을 밝히는 까닭이다. 역시 『잡화기』의 말이다.

지금에 관찰하는 뜻을 밝힌다고 한 것은 다만 저[434]가 성립한 바 무표색이 색이라고 한 것을 취하여[435] 깨뜨릴 바를 삼고 저 무표색의 뜻을 정확하게 결정하지는 아니하였다.

만약 문장이 같은 것만을 취한다면[436] 곧 첫 번째 잡심사의 뜻이고 구사론주의 뜻과는 같지 않나니,

저 잡심사가 깨뜨린 것은 세운 뜻이 바르지 않고[437] 지금에 깨뜨린

---

433 원문에 여제이의餘諸異義라고 한 것은 무표색無表色이 수많은 뜻이 있는 까닭이다.

434 저란, 유종有宗, 곧 살바다종이다.

435 다만 저가 성립한 바 무표색이 색이라고 한 것을 취하여 운운한 것은 소문 가운데 그(유종有宗, 살바다종)가 세운 바 운운한 말(영인본 화엄 6책, p.71, 5행)을 다만 저가 성립(세운)한 바를 취하여 깨뜨릴 바를 삼고 『구사론』 가운데 그 스님의 뜻(무표색에 대한 뜻)을 일찍이 정확하게 결정하지는 않았다. 만약 그 문장이 같은 것만 취한다면 첫 번째 잡심론사의 뜻이 가장 잘 나타났다 말할 것이다 하니, 이상은 깨뜨리는 바가 잡심론사와 같음을 밝힌 것이다. 구사론주의 뜻과는 같지 않다(한 줄 뒤에 있다)고 한 아래는 능히 깨뜨리는 것이 구사론주의 뜻과는 같지 아니함을 밝힌 것이니, 저 잡심론사는 그 무표상에 있어서 다만 그 유종이 세운 뜻이 정당하지 아니함을 깨뜨리고, 지금에는 곧 무표색의 모습을 다 보내는 까닭이다. 역시 『잡화기』의 말이다.

436 원문에 약취문동若取文同이란, 지금 소문에 말하기를 무표색無表色이 표색表色을 의지하여 생기한다 하고, 잡심사雜心師도 표색表色은 변하거나 걸림이 있고 무표색無表色은 저 유표색을 따르기에 또한 색色이라 이름한다 하니, 문장은 같으나 깨뜨린 뜻은 같지 않으니 사지思知할 것이다.

437 원문에 피파입의부정彼破立義不正이란, 바로 앞에 단취피입但取彼立의 무표시색無表是色하야 이위소파而爲所破라 한 것이다. 즉 제이第二에 유종有宗을

것은 상相을 보내고 진리를 나타내는 것이다.

색이 아닌 것이 되는가 한 것은 담무덕종의 뜻을 깨뜨리는 것이니,
저가 세운 뜻에 말하기를 변하여 장애하지 않은 까닭으로 가히
색이라 할 수 없고 생각하여 알 것이 아닌 까닭으로 가히 마음이라
이름할 수 없다 하였으니,[438]
곧 색도 아니고 마음도 아니기에 심왕으로 더불어 상응하지 않는
행(心不相應行)[439]에 섭수되는 것이다.
깨뜨리는 뜻[440]은 가히 알 수가 있을 것이다.

깨뜨릴 바로 삼은 것이다.

[438] 명심名心"이라하니" 토吐는 古吐이다. 또 다른 吐는 아래 행섭行攝"이라하니"
吐니 그렇다면 名心"이니" 行攝"이라하니" 吐이다. 생각해 볼 것이다.

[439] 원문에 심불상응행心不相應行은 具云하면 비색비심非色悲心이 불상응행不相
應行이라 한다.

[440] 원문에 파의破意란, 영인본 화엄 6책, p.72, 8행에 上句는 파유종破有宗이요,
下句는 파덕종破德宗이라 하였다.

經

如是觀察하면 梵行法不可得故며 三世法皆空寂故며 意無取著
故며 心無障礙故며 所行無二故며 方便自在故며 受無相法故며
觀無相法故며 知佛法平等故며 具一切佛法故니 如是名爲淸
淨梵行이니라

이와 같이 관찰하여 보면 범행의 법을 가히 얻을 수 없는 까닭이며
삼세의 법이 다 공적한 까닭이며
뜻에 취착이 없는 까닭이며
마음에 장애가 없는 까닭이며
행하는 바에 둘[441]이 없는 까닭이며
방편이 자재한 까닭이며
모습이 없는 법을 인수하는 까닭이며
모습이 없는 법을 관찰하는 까닭이며
불법이 평등함을 아는 까닭이며
일체 불법을 구족하는 까닭이니,
이와 같음을 이름하여 청정한 범행이라 합니다.

疏

第三은 結成梵行淸淨之相이니 以無得故니라 文有十一句하니 初

---

441 둘이란, 작념作念과 수념受念이다.

句는 爲總이요 次九句는 別顯無得이라 一은 由上三世皆空故요
二는 由於身無所取며 於修無所著故요 三은 言心無障礙者는 卽
前於法無所住故니 於風行空에 無有礙故요 四는 作受二念이 不
現行故요 五는 雖空不礙涉有故요 六七은 涉有不迷於空故로 受
觀無相이니 受는 謂忍可於心이며 觀은 謂起用於境이요 八은 結歸
平等이니 大般若曼殊室利分云호대 我不見有一法도 非佛法者
라하니 故無法不等이요 九는 一具一切니 方顯具德圓融이라 末後
一句는 總以結酬니 由上義故로 名淨梵行이라 上辨自利行淨은
竟이라

제 세 번째는 범행의 청정한 모습을 맺어 성립한 것이니 범행을
얻을 수 없는 까닭이다.
경문에 열한 구절이 있나니
처음 구절은 한꺼번에 얻을 수 없음을 나타낸 것이요
다음에 아홉 구절은 따로 얻을 수 없음을 나타낸 것이다.
첫 번째 구절은 위[442]에 삼세가 다 공하다고 함을 인유한 까닭이요
두 번째 구절은 위[443]에 몸에 취착하는 바가 없으며 수행함에 집착하
는 바가 없다고 함을 인유한 까닭이요
세 번째 구절에 마음에 장애가 없는 까닭이라고 말한 것은 곧 앞에

---

442 上이란, 영인본 화엄 6책, p.65, 8행에 과거이멸過去已滅하며 미래미지未來未
至하며 현재공적現在空寂이라 한 것은 여기서는 삼세개공三世皆空이라고
意引하였다.

443 上이란, 영인본 화엄 6책, p.65, 7행이다.

법에 머무는 바가 없다 한 까닭이니,

마치 바람이 허공을 지나감에 장애가 없는 것과 같은 까닭이요

네 번째 구절은 작념作念과 수념受念의 두 가지 생각이 현재 행하여지지 않은 까닭이요

다섯 번째 구절은 비록 공하지만 유有를 간섭함에 걸리지 않는 까닭이요

여섯 번째 구절과 일곱 번째 구절은 유를 간섭하지만 공에 미혹하지 않는 까닭으로 모습이 없는 법을 인수하고 관찰하는 것이니

인수(受)한다고 한 것은 말하자면 옳은 것을 마음에 인수하는 것이며

관찰(觀)한다고 한 것은 말하자면 작용을 경계에서 일으키는 것이요

여덟 번째 구절은 평등함에 맺어 돌아가는 것이니,

『대반야만수실리분』에 말하기를 나는 한 법도 불법이 아닌 것이 있는 줄 보지 못했다 하였으니 그런 까닭으로 법이 평등치 아니함이 없는 것이요

아홉 번째 구절은 하나가 일체를 갖추는[444] 것이니,

바야흐로 공덕을 갖춘 것이 원융함을 나타낸 것이다.

말후에 한 구절은 모두 맺어서 답한 것이니,

위에 뜻을 인유한 까닭으로 이름을 법행이라 하는 것이다.

위에 자리행이 청정함을 분별한 것은 마친다.

---

444 수收 자는 구具 자가 옳다. 초문에도 具 자이다.

鈔

雖空不礙涉有故下는 此釋方便自在니 卽顯雖無持犯나 而七支皎
淨하며 三業無瑕하며 攝善利人을 無不爲矣니 以前觀空이 非斷滅故
니라 我不見一法도 非佛法下는 前已曾引이니 謂不毁不持인댄 法界
平等이 由此該融일새 故有第九에 一具一切也니라

비록 공하지만[445] 유를 간섭함에 걸리지 않는 까닭이라고 한 아래는
이것은 방편이 자재함을 해석한 것이니,
곧 비록 가지고 범한 적이 없지만 칠지七支[446]가 밝고 청정하며 삼업三
業[447]이 허물이 없으며, 선법을 섭수하고 사람을 이익케 하는 것을
하지 아니함이 없음을 나타낸 것이니, 앞에서 공인 줄 관찰한 것이
단멸이 아닌 까닭이다.

나는 한 법도 불법이 아닌 것이 있는 줄 보지 못했다고[448] 한 아래는
앞에서 이미 일찍이 인용한 것이니,
말하자면 훼범할 것도 없고 가질 것도 없다면 법계가 평등한 것이
이것으로 인유하여 원융함을 갖추기에 그런 까닭으로 제 아홉 번째
구절에 하나가 일체를 갖춘다는 말이 있는 것이다.

---

445 원문에 수공雖空이라고 한 아래는 제 다섯 번째 구절이다.
446 칠지七支는 십악十惡에 탐貪·진瞋·사邪·견見을 제除함이다.
447 칠지七支와 삼업三業은 섭률의계攝律儀戒요, 나머지 섭선법계攝善法戒와 섭중
생계攝衆生戒는 바로 아래에 나타나 있다.
448 원문에 아불견我不見이라고 한 아래는 제 여덟 번째 구절이다.

經

復應修習十種法이니 何者爲十고 所謂處非處智와 過現未來業
報智와 諸禪解脫三昧智와 諸根勝劣智와 種種解智와 種種界智
와 一切至處道智와 天眼無礙智와 宿命無礙智와 永斷習氣智
니라

다시 응당 열 가지 법을 닦아 익혀야 할 것이니
어떤 것이 열 가지가 되는가.
말하자면 옳은 곳과 옳지 못한 곳을 아는 지혜와
과거·현재·미래의 업보를 아는 지혜와
모든 선정과 해탈과 삼매를 아는 지혜와
모든 근기가 수승하고 하열함을 아는 지혜와
가지가지 지해知解를 아는 지혜와
가지가지 세계를 아는 지혜와
일체 처소에 이르는 길을 아는 지혜와
천안을 걸림 없이 아는 지혜와
숙명을 걸림 없이 아는 지혜와
습기를 영원히 끊을 줄 아는 지혜입니다.

疏

第二에 復應下는 明利他行淨이라 文分爲二리니 初는 觀深智니
卽利他之方이요 後는 慈念衆生호대 成無緣四等이니 是則自利利

他와 上求下化를 皆具足也라 今初文三이니 初는 擧法應修라 謂
梵行體也는 緣體宛然이나 一心湛寂하고 梵行用也는 不思不造나
萬行沸騰하나니 故不但心觀圓明이라 復應廣集佛智하리라 二에
何者下는 徵起別列이니 可知니라

제 두 번째 다시 응당이라고 한 아래는 이타의 행이 청정함을 밝힌
것이다.
경문을 나누어 두 가지로 하리니
처음에는 깊은 지혜를 관찰하는 것이니
곧 이타의 방편이요
뒤에는 자비로 중생을 생각하되 무연無緣의 네 가지 등449을 이루는
것이니,
이것은 곧 자리와 이타와 상구上求와 하화下化를 다 구족하였다.
지금은 처음으로 경문에 세 가지가 있나니
처음에는 열 가지 법을 응당 닦아야 함을 거론한 것이다.
말하자면 범행의 자체는 반연하는 자체가 완연하지만 일심이 담적하
고, 범행의 작용은 사의할 수도 없고 조작할 수도 없지만 만행이
비등沸騰450하나니,
그런 까닭으로 다만 마음으로 원명함을 관찰할 뿐만 아니라 다시

---

449 원문에 사등四等이란, 영인본 화엄 6책, p.79, 말행末行에 설하였고 같은
    책 p.16, 4행에 이미 나왔다. 곧 자慈·비悲·희喜·사捨 사무량심四無量心이다.
    등等이란 지혜智慧, 칠선지七善知를 등취함이다.
450 비등沸騰이란, 물이 끓어오르는 모양이다.

응당 부처님의 지혜를 폭넓게 모아야 할 것이다.

두 번째 어떤 것이 열 가지가 되는가 한 아래는 물음을 일으켜
따로 열거한 것이니
가히 알 수가 있을 것이다.

經

於如來十力을 一一觀察하고 一一力中에 有無量義를 悉應諮問
하리라

여래의 십력을 낱낱이 관찰하고 낱낱 힘 가운데 한량없는 뜻이
있는 것을 다 응당 물어야 할 것입니다.

疏

三에 於如來下는 結勸廣學이라

세 번째 여래라고 한 아래는 널리 배우기를 맺어서 권하는 것이다.

經

聞已應起大慈悲心하야 觀察衆生하야 而不捨離하며 思惟諸法
하야 無有休息하며 行無上業하야 不求果報하며 了知境界가 如
幻如夢하며 如影如響하며 亦如變化리니

들은 이후에는 응당 대자비심을 일으켜 중생을 관찰하여 버리지
않아야 할 것이며
모든 법을 사유하여 쉼이 없어야 할 것이며
위없는 업을 행하여 과보를 구하지 않아야 할 것이며
경계가 환상과 같고 꿈과 같으며 그림자와 같고 메아리와 같으며
또한 변화하는 것과 같은 줄 알아야 할 것이니

疏

第二에 聞已下는 慈念衆生호대 成無緣四等이라 文有四句하니 一
은 雙起慈悲하야 如犢母隨子요 二는 思惟藥病하야 成大法喜요
三은 卽行無求하야 以成大捨요 四는 智了諸境하야 導成無緣이라
此中五喩는 廣如十忍하니라 然이나 釋有通別하니 通則可知라 別
者에 如幻은 似有不實故니 似有故假요 不實故空이니 此二不二가
成中道智니라 如夢者는 虛妄見故요 如影者는 從業緣現故요 如
響者는 屬諸因緣故요 如變化者는 須臾變滅故니 若如是了境인
댄 卽終日化나 而無化리며 亦爲衆生하야 說如斯法이리니 是謂利

他梵行이 淸淨也니라

제 두 번째 들은 이후라고 한 아래는 자비로 중생을 생각하되 무연의 네 가지 등을 이루는 것이다.

경문에 네 구절이 있나니

첫 번째는 대자와 대비를 함께 일으켜 송아지[451] 어머니가 새끼를 따르는 것과 같은 것이요

두 번째는 약과 병을 사유하여 대법희法喜를 이루는 것이요

세 번째는 곧 구할 것이 없는 업을 행하여 대사大捨를 이루는 것이요

네 번째는 지혜로 모든 경계를 알아 무연중생을 인도하여 이루는 것이다.

이 가운데 다섯 가지 비유[452]는 널리 십인품에서 설한 것과 같다.

그러나 해석함에 통석과 별석이 있나니

통석은 곧 가히 알 수 있겠다.[453]

별석에 곧 환상과 같다고 한 것은 있는 것 같지만 진실로 있는 것이 아닌 까닭이니

있는 것 같은 까닭으로 거짓이요,

---

451 犢은 '송아지 독' 자이다.

452 원문에 차중오류此中五喩란, 여환如幻·여몽如夢·여영如影·여향如響·여변화 如變化이다.

453 원문에 통즉가지通則可知란, 통석通釋은 공空을 밝히고 있는 줄 가히 알 수 있다는 것이다. 『잡화기』에는 가히 알 수가 있겠다 한 것은 다 공의 뜻이 되는 까닭이라 하였다. 또 소본에는 가지可知 아래 별즉여別則如 세 글자(三字)가 있다 하였다.

진실로 있는 것이 아닌 까닭으로 공이니
이 둘이 둘이 아닌 것이 중도의 지혜를 이루는 것이다.
꿈과 같다고 한 것은 허망하게 보는 까닭이요
그림자와 같다고 한 것은 업연을 좇아 나타난 까닭이요
메아리와 같다고 한 것은 모든 인연에 속하는 까닭이요
변화하는 것과 같다고 한 것은 잠깐 사이에 변하여 사라지는 까닭
이니,
만약 이와 같이 경계를 안다면 곧 종일토록 교화하지만 교화한
적이 없을 것이며 또한 중생을 위하여 이와 같은 법을 설할 것이니
이것이 이타의 법행이 청정하다 말하는 것이다.

鈔

此中五喩者는 文顯指十忍이나 闇用淨名이니 文並可知라

이 가운데 다섯 가지 비유라고 한 것은 문장이 나타난 것으로는
십인품을 가리키고 있지만, 그윽이는『정명경』을 인용한[454] 것이니
문장은 아울러 가히 알 수가 있을 것이다.

---

454 원문에 암용정명闇用淨名이란, 다섯 가지 비유(五喩)가 다『정명경淨名經』의
  뜻이지만『정명경淨名經』의 말이라고 말하지 않았다.

經

若諸菩薩이 能與如是觀行相應하야 於諸法中에 不生二解인댄
一切佛法이 疾得現前하야 初發心時에 卽得阿耨多羅三藐三菩
提하리며 知一切法이 卽心自性인댄 成就慧身이 不由他悟하리라

만약 모든 보살이 능히 이와 같은 관행으로 더불어 상응하여 모든
법 가운데 두 가지 지해를 내지 않는다면 일체 불법이 빨리 앞에
나타남을 얻어서 처음 발심할 때에[455] 곧 아뇩다라삼먁삼보리를
얻을 것이며,
일체법이 곧 마음의 자성인 줄 안다면 지혜의 몸을 성취하는 것이
다른 사람의 깨달음을 인유하지 아니할 것입니다.

疏

第二大段에 若諸菩薩下는 答因所成果問이라 文中分二리니 先은
牒前因深이니 初는 總指前文이요 不生二解는 則擧其要니 卽所行
無二니라

제 두 번째 대단大段에 만약 모든 보살이라고 한 아래는 원인으로
이룰 바 과보에 대한 물음을 답한 것[456]이다.

---

455 원문에 초발심시初發心時라고 한 등은 진역晉譯엔 初發心時에 便成正覺하리
　　며 知一切法의 眞實之性인댄 具足慧身이 不由他悟라 하였다.
456 원문에 답인소성과문答因所成果問이라고 한 것은 영인본 화엄 6책, p.15,

경문 가운데 두 가지로 나누리니
먼저는 앞에 원인이 깊은 것을 표한 것이니
처음에는 앞에 경문을 한꺼번에 가리킨 것이요
두 가지 지혜를 내지 않는다고 한 것은 따로 그 요점을 거론한
것이니
곧 행하는 바가 둘이 없는 것이다.

鈔

二答因者는 此下義는 則深玄이나 在文可見이니 但當細尋하라 更不
繁擧하노라

제 두 번째 대단에 원인으로 이룰 바 과보에 대한 물음을 답한
것이라고 한 것은 이 아래 뜻은 곧 깊고 현묘하지만 경문에 있기에
가히 볼 수 있나니,
다만 마땅히 자세히 찾아보라. 다시 번거롭게 거론하지 않겠다.

疏

二에 一切下는 酬其果滿이니 先標後釋이라 今初니 由理觀深玄하
야 了性具足하야 萬行齊修일새 故令大果의 無邊德用으로 現證在

___

4행에 거명한 것이니 인인은 보살인행菩薩因行이고 과果는 무상보리無上菩提
이다.

卽이니 一切는 明其果大요 疾現은 語其證速이라

두 번째 일체 불법이라고 한 아래는 그 과보가 원만함을 답한 것이니
먼저는 표한 것이요
뒤에는 해석한 것이다.
지금은 처음으로 이관理觀이 깊고 현묘하여 자성에 끝없는 공덕을
구족한 것을 요달하여 만행을 가지런히 닦음을 인유하기에 그런
까닭으로 큰 과보의 끝없는 공덕과 작용(德用)으로 하여금 현재
증득케 하는 것이 즉시에 있는 것이니,
일체라고 한 것은 그 과보가 큰 것을 밝힌 것이요
빨리 나타난다고 한 것은 그 증득함이 빠름을 말한 것이다.

疏

初發心下는 釋이니 先은 釋疾現之言이요 後는 釋現前之相이라
今初니 上言疾得은 疾在何時고할새 故云初發心時라하니라 何法
現前고할새 謂無上菩提也라하니라

처음 발심할 때라고 한 아래는 해석한 것이니
먼저는 빨리 나타난다고 한 말을 해석한 것이요,
뒤에는 앞에 나타나는 모습을 해석한 것이다.
지금은 처음으로 위에 빨리 나타남을 얻었다고 말한 것은 그 빠름이
어느 때에 있는가 하기에 그런 까닭으로 말하기를 처음 발심할
때다 하였다.

어떤 법이 앞에 나타나는가 하기에 말하기를 무상보리다 하였다.

疏

後에 知一切下는 釋現前之相이니 亦是出其所因이라 何者오 夫初心爲始요 正覺爲終거늘 何以로 初心便成正覺고할새 故今釋云호대 知一切法이 卽心自性故라하니 覺法自性이 卽名爲佛이라 故下經云호대 佛心豈有他아 正覺覺世間이라하니 斯良證也니라 斯則發者는 是開發之發이요 非發起之發也니라 何爲現前之相고 夫佛智非深거늘 情迷謂遠이니 情亡智現하면 則一體非遙리라 旣言知一切法이 卽心自性인댄 則知此心이 卽一切法性이리니 今理現自心인댄 卽心之性에 已備無邊之德矣니라 成就慧身者는 上觀法盡也니 正法當興이요 今諸見亡也니 佛智爰起니라 覺心則理現하고 理現則智圓호미 若鏡淨明生호대 非前非後며 非新非故하야 寂照湛然하니라 不由他悟者는 成上慧身이니 卽無師自然智也니라 又不由他悟는 是自覺也요 知一切法은 是覺他也요 成就慧身은 爲覺滿也라 成就慧身은 必資理發이니 見夫心性인댄 豈更有他리요 若見有他인댄 安稱爲悟리요 旣曰心性인댄 自亦不存이요 寂而能知를 名爲正覺인댄 豈唯定之方寸하고 不取則於人哉아 況初後圓融인달 不待言也니라

뒤에 일체법이 곧 마음의 자성인 줄 안다고 한 아래는 앞에 나타나는 모습을 해석한 것이니,

역시 그 원인하는 바를 설출한 것이다.

무엇 때문인가.

대저 초발심은 시작이 되고 정각은 끝이 되거늘 무슨 까닭으로 처음 발심할 때에 문득 정각을 이룬다고 하는가 하기에 그런 까닭으로 지금에 해석하여 말하기를 일체법이 곧 마음의 자성인 줄 아는 까닭이다 하였으니,

모든 법의 자성을 깨닫는 것이 곧 이름이 부처님이 되는 것이다. 그런 까닭으로 이 아래 경[457]에서 말하기를 부처님의 마음에 어찌 다른 법이 있겠는가. 정각으로 세간을 깨닫게 하는 것뿐이다 하였으니 이것이 진실한 증거이다.

이에 곧 발發[458]이라고 한 것은 이것은 개발開發한다는 발發이요 발기發起한다는 발發이 아니다.

어떤 것이 앞에 나타나는 모습이 되는가.

대저 부처님의 지혜는 깊지 않거늘 망정으로 미혹하여 멀다 말하나니, 망정이 없어지고 지혜가 나타나면 곧 한 몸으로 멀지 않을 것이다.

이미 일체법이 곧 마음의 자성인 줄 안다고 말하였다면 곧 이 마음이 곧 일체법의 자성인 줄 알 것이니,

지금에 진리가 곧 자기의 마음에서 나타난 것이라면 곧 마음의 자성에 이미 끝없는 공덕을 갖춘 것이다.

---

457 아래 경(下經)이란, 이세간품離世間品이다.

458 발發이란, 발심發心의 발發이다.

지혜의 몸을 성취했다고 한 것은 위에는 관법이 다한 것이니 정법이 마땅히 일어날 것이요

지금에는 모든 소견이 없어진 것이니 부처님의 지혜가 이에 일어나는 것이다.

마음을 깨달으면 곧 진리가 나타나고 진리가 나타나면 곧 지혜가 원만한 것이 마치 거울이 맑으면 밝음이 생기하되 앞에서 생기한 것도 아니며 뒤에서 생기한 것도 아니며 새 것에서 생기한 것도 아니며 옛 것에서 생기한 것도 아닌 것과 같아서 적체寂體와 조용照用이 담연湛然한 것이다.

다른 사람의 깨달음을 인유하지 않는다고 한 것은 위에 지혜의 몸을 이루는 것이니 곧 무사자연지無師自然智이다.

또 다른 사람의 깨달음을 인유하지 않는다고 한 것은 이것은 자각自覺이요

일체법을 안다고 한 것은 각타覺他요

지혜의 몸을 성취한다고 한 것은 각만이 되는 것이다.

지혜의 몸을 성취하는 것은 반드시 진리를 가자하여 생기하는 것이니,

대저 마음의 자성을 보았다고 한다면[459] 어찌 다시 다른 법이 있겠는가.

만약 다른 법이 있음을 본다고 한다면 어찌 깨달았다고 이름하겠

---

[459] 원문에 견부심성見夫心性 이하는 심외무법心外無法이다.

는가.

이미 말하기를 마음의 자성이라고 하였다면 자체도 또한 두지 않는 것이요[460]

고요하되 능히 아는 것을[461] 이름하여 정각이라고 하였다면 어찌 오직 자기 마음만으로 결정하고 법을 다른 사람에서 취하지 아니함이겠는가.

하물며 처음 발심할 때와 뒤에 정각을 이룰 때가 원만함인들 말을 기다리지 않는 것이다.[462]

鈔

是開發之發等은 後品當知리라 不由他悟에 含有三義는 如十住品하니 謂見夫心性은 性外皆他요 自亦不存은 兼顯以心爲自하고 心外爲他니 今自心不存거니 豈心外取法이리요 豈唯定之方寸者는 顯自心爲自하고 他人爲他니라 前十住品은 從麤至細요 今此는 以細況麤耳니라

梵行品은 竟이라

이것은 개발한다는 발發이라고 한 등은 뒤 품에서 마땅히 알 수

---

460 자체도 또한 두지 않는다고 한 것은 이미 말하기를 마음의 자성이라고 하였다면 곧 자체성(性)으로써 주체를 삼는 까닭이라고 『잡화기』는 말한다.

461 원문에 적이능지寂而能知 운운은 각심즉리현覺心則理現이라는 등의 글을 그윽이 인용한 것이다.

462 원문에 부대언不待言이란, 언불가급言不可及이다.

있을 것이다.

다른 사람의 깨달음을 인유하지 않는다고 한 것에 세 가지 뜻을
포함하고 있는 것은 십주품과 같나니
말하자면 대저 마음의 자성을 보았다고 한 것[463]은 곧 마음의 자성
밖에는 다 다른 법이요
자체도 또한 두지 않는다고 한 것[464]은 마음으로 자성을 삼고 마음
밖으로 다른 법을 삼는 것을 겸하여 나타낸 것이니,
지금에는 자기의 마음도 두지 않거니 어찌 마음 밖에 다른 법을
취하겠는가.
어찌 오직 자기 마음만으로 결정한다고 한 것[465]은 자기 마음으로
자성을 삼고 다른 사람으로 다른 법을 삼는 것을 나타낸 것이다.
앞의 십주품은 추행麤行으로[466] 세행細行에 이른 것이요,
지금 이 범행품은 세행으로써 추행에 비유한 것이다.

범행품은 마친다.

---

463 대저 운운은 一義이다.
464 자체도 운운은 二義이다.
465 어찌 오직 운운은 三義이다.
466 추행麤行 운운한 것은 초주初住, 이주二住, 삼주三住로 나아가니 추행麤行으로
　　세행細行에 이르는 것이요, 또 자분自分으로 승진勝進에 나아가니 추행麤行으
　　로 세행細行에 나아가는 것이다.

청량 징관(淸涼 澄觀, 738~839)

중국 화엄종의 제4조.

절강성浙江省 월주越州 산음山陰 사람으로, 속성은 하후夏侯, 자는 대휴大休, 탑호는 묘각妙覺이다.

11세에 출가하여 계율, 삼론, 화엄, 천태, 선 등을 비롯, 내외전을 두루 수학하였다. 40세(777년) 이후 오대산 대화엄사에 머물면서 『화엄경』을 여러 차례 강설하였으며, 이를 토대로 『대방광불화엄경소』 60권, 『대방광불화엄경수소연의초』 90권을 저술하고 강의하였다. 796년에는 반야삼장의 『40권 화엄경』 번역에 참여하였고, 덕종에게 내전에서 화엄의 종지를 펼쳤다. 덕종에게 청량국사淸涼國師, 헌종에게 승통청량국사僧統淸涼國師라는 호를 받는 등 일곱 황제의 국사를 지냈다.

저서로 『화엄경주소華嚴經註疏』, 『화엄경수소연의초華嚴經隨疏演義鈔』, 『화엄경강요華嚴經綱要』, 『화엄경략의華嚴經略義』, 『법계현경法界玄鏡』, 『삼성원융관문三聖圓融觀門』 등 400여 권이 있다.

관허 수진貫虛 守眞

1971년 문성 스님을 은사로 출가, 1974년 수계, 해인사 강원과 금산사 화엄학림을 졸업하고, 운성, 운기 등 당대 강백 열 분에게 10년간 참문수학하였다.

1984년부터 수선안거 10년을 성만하고, 1993년부터 7년간 해인사 강원 강주로 학인들을 지도하였다.

대한불교조계종 교육위원, 역경위원, 교재편찬위원, 중앙종회의원, 범어사 율학승가대학원장 및 율주를 역임하였다.

현재 부산 승학산 해인정사에 주석하면서, 대한불교조계종 고시위원장, 단일계단 계단위원·존증아사리, 동명대학교 석좌교수, 동명대학교 세계선센터 선원장 등의 소임을 맡고 있다.

청량국사화엄경소초 36 - 범행품

초판 1쇄 인쇄 2023년 7월 10일 | 초판 1쇄 발행 2023년 7월 24일
청량 징관 찬술 | 관허 수진 **현토역주** | 펴낸이 김시열
펴낸곳 도서출판 운주사

      (02832) 서울시 성북구 동소문로 67-1 성심빌딩 3층
      전화 (02) 926-8361 | 팩스 0505-115-8361
ISBN 978-89-5746-744-2 94220
ISBN 978-89-5746-592-9 (총서) 값 20,000원
http://cafe.daum.net/unjubooks 〈다음카페: 도서출판 운주사〉